Embarazo
y parto

Estela Davila

LIBSA

© 2014, Editorial LIBSA
San Rafael, 4
28108 Alcobendas. Madrid
Tel. (34) 91 657 25 80
Fax (34) 91 657 25 83
e mail: libsa@libsa.es
www.libsa.es

Textos: Estela Davila
Dibujos: Sandra Llanas
Edición: Equipo Editorial Libsa

ISBN: 978-84-662-2854-1

Agradecimientos:
Los editores agradecen su colaboración
a los pequeños modelos que posaron para el libro:
Daniel Berzal, Laura Durán, Samuel Gómez, Óscar Jiménez,
Daniel Lorite, Marta y Amanda Morales, Raúl y Juan del Pozo,
Cristina Prado y Javier Testillano.
DL: M 34921-2013

Contenido

Embarazo y parto

robablemente no haya un sentimiento más pleno en el ser humano que el de conceder la vida a un hijo. Este acontecimiento que todos los padres –y sobre todo las madres– recuerdan con emoción y detalle, marcó sus vidas para siempre y, desde el momento en que fueron conscientes de que «estaban embarazados», ya nada volvió a ser igual y, sobre todo, ya nunca pudieron ni tan siquiera imaginar cómo hubiera sido su vida sin ese hijo.

Introducción

Seguramente, si habéis empezado a leer este libro, estéis pensando en tener descendencia o estéis ya esperando un hijo. A partir de ahora van a ocurrir muchas cosas, casi todas muy rápidas, y, aunque os sintáis llenos de felicidad, vais a pasar por momentos de agotamiento y de crisis en la pareja. Por vuestra cabeza rondarán multitud de sentimientos como el miedo o la angustia y os preguntaréis muchísimas cosas.

Este libro pretende despejar todas las dudas que genera esa vida que se abre paso. Desde el primer momento, tendréis información precisa y fiable en cuanto a la concepción y todo lo que está sucediendo en el interior de la mujer. Podréis ser testigos de los cambios físicos y psicológicos que ella experimenta y al mismo tiempo saber cómo se desarrolla el bebé mes a mes.

Os ofrecemos multitud de consejos prácticos para disfrutar de un embarazo sano en cuanto a la alimentación e higiene y, por supuesto, los hábitos que pueden perjudicaros. Un apartado especial os explicará las molestias más comunes y qué hacer para remediarlas desterrando los temores que su desconocimiento podría causaros. Incluso vamos a ver de qué manera sacar toda la belleza de la mujer embarazada y cómo ahorrar comprando todo lo necesario sin cometer excesos.

La segunda parte del libro se centra en el momento del parto. Conscientes de que una buena información es la mejor manera para evitar que el miedo os domine, ofrecemos una visión completa, paso a paso, del proceso del parto, desde los primeros síntomas, hasta la dilatación y el período expulsivo. Saber todo lo que va a ocurrir os ayudará a estar más confiados y relajados y, por supuesto, a colaborar con el personal médico del mejor modo posible.

Este es un libro que pretende hacer partícipe al padre en todo el proceso desde el principio enseñándole cómo apoyar a su mujer en esta situación delicada y excepcional que os atañe a los dos. Quizá el momento en que más te necesite sea ahora, después del parto, cuando podáis tener a vuestro pequeño por fin en brazos. Es un bebé precioso y encantador… ¡pero es capaz de dejar exhaustos a sus padres! Por eso os explicamos cómo superar el puerperio entre los dos, de qué manera involucrarse con la lactancia y afrontar la melancolía posparto. No olvidamos tampoco que la inexperiencia puede ser la causa del cansancio de los primeros meses, así que os vamos a enseñar los cuidados básicos de ese bebé que os parece tan frágil y que tanto os necesita… y todo ello sin que se resienta vuestra relación de pareja.

Por último, el libro aborda los temas legales relacionados con la familia y los hijos, y se complementa con un glosario y un diccionario de términos especialmente útiles para la embarazada.

Queremos acompañaros en esta etapa que será maravillosa y dura al mismo tiempo: vais a ser padres y vuestro camino empieza aquí.

Antes de quedarse embarazada

NADA HAY EN EL MUNDO MÁS PRECIOSO NI TAN MILAGROSO COMO EL CREAR ENTRE DOS SERES QUE SE AMAN A OTRO SER HUMANO. NADA ES MÁS EMOCIONANTE E INTENSO QUE ESTA EXPERIENCIA, ESTA AVENTURA DE SER PADRES.

Si estás planeando crear una familia, no debes ser impaciente. Hay mujeres que se quedan embarazadas en seguida, pero si este no es tu caso no debes preocuparte, lo normal es esperar de un año y medio a dos años antes de empezar a pensar que algo pueda estar mal. La ansiedad y la preocupación pueden ser factores que impidan un embarazo. Se han dado casos de parejas que pensaban que eran estériles y han concebido después de adoptar a un hijo o incluso después de empezar los trámites de adopción. Así que podríamos decir que el embarazo y la ansiedad son malas compañeras, y de hecho se sabe que la vida agitada y el estrés, en cualquiera de sus manifestaciones, dificultan la ovulación femenina y empobrecen la calidad del esperma masculino. Lo mejor es tomarse las cosas con calma, y dejar que la vida tome su curso a su ritmo. El embarazo no es un estado anormal o de enfermedad en la mujer; es un estado natural, todas las personas que hay en el mundo han llegado a él a través de un embarazo, esto nos debe dar una idea de lo sencillo y normal que es procrear.

Sin embargo sí podemos ayudar a que el embarazo se produzca antes manteniendo rela-

cada ciclo ya que, debido a factores químicos, físicos, psíquicos, etc., la ovulación puede adelantarse o retrasarse. Son por tanto malos sistemas proconceptivos, tanto como lo son anticonceptivos. Los tres métodos más utilizados son: el método Ogino-Knaus, la temperatura basal y el método Billings, basados en la medición de diferentes variables como la temperatura corporal o las características del moco cervical. Todos ellos precisan de un estudio largo y disciplinado de observación diaria.

Ahora existe una sencilla prueba, de venta en farmacias, que detecta el aumento repentino de la hormona luteinizante (LH) que se produce aproximadamente entre 24 y 40 horas antes de la liberación del óvulo (véase fecundación). La prueba debe realizarse durante varios días seguidos.

ciones sexuales los días en que la mujer es más fértil. Existen métodos naturales que, para prevenir un embarazo, se basan en la abstención del coito durante los días fértiles de la mujer. Estos mismos métodos pueden ser utilizados para todo lo contrario; es decir, para calcular qué días son los más propicios para quedarse embarazada. Sin embargo no son muy fiables porque ninguna mujer ovula exactamente el mismo día de

LA FECUNDACIÓN

A toda mujer embarazada le interesa saber qué está pasando en su interior, y los médicos no suelen tomarse tiempo para explicar con deta-

CUADRO DE TEMPERATURA BASAL

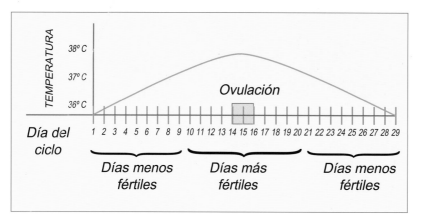

En los días centrales del ciclo mestrual es cuando se produce la ovulación, y por tanto podría producirse la fecundación.

Los cromosomas determinan el sexo del bebé. Así si se unen dos cromosomas xx nacerá una niña y si es xy tendremos un niño.

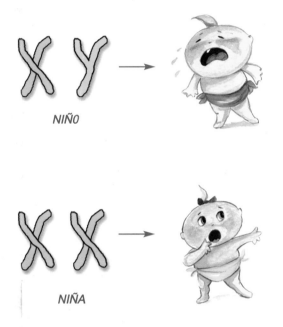

NIÑO

NIÑA

lle los procesos que tienen lugar dentro de su cuerpo. En este libro intentaremos acompañarte a lo largo de tu embarazo, paso a paso, para que sepas en cada momento qué está ocurriendo en tu interior. Toda esta aventura empieza con la fecundación de un óvulo y un espermatozoide, eso todo el mundo lo sabe, pero, ¿cómo se produce este encuentro?

Al nacer, las mujeres contienen en sus ovarios un cierto numero de óvulos protegidos por folículos que los envuelven. A partir de la pubertad y con la llegada de la primera menstruación o menarquia, cada 28 días aproximadamente, un folículo emprende su maduración.

Preferencia de sexo

El esperma del hombre determina el sexo del bebé, así que «el sexo» del esperma que fecunde al óvulo será el responsable de que nazca un niño o una niña.

Existen estudios que indican que el esperma masculino es más veloz que el femenino, pero también muere antes, así que se incrementa la posibilidad de tener un niño si se mantienen relaciones sexuales en los días fértiles de la mujer (14 días antes de la menstruación aproximadamente), y las probabilidades de tener una niña se incrementan si se mantiene relaciones tres días antes de que el óvulo sea fértil. Es conveniente que la mujer permanezca un rato tumbada después del coito.

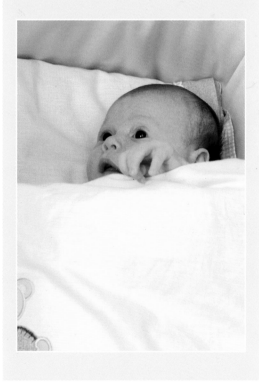

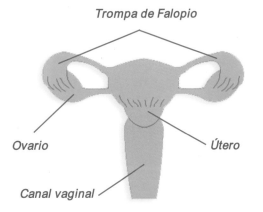

Trompa de Falopio

Ovario

Útero

Canal vaginal

Después de la fecundación, el nuevo cigoto tendrá que desplazarse desde la trompa de Falopio al útero, donde anidará y transcurrirá el embarazo.

fecundado el óvulo, para llegar a la cavidad del útero e implantarse.

Las fimbrias son pequeñas ramificaciones en los extremos de las trompas de Falopio que recuerdan a las anémonas del mar. Estas ramificaciones están recubiertas por multitud de pequeños pelillos que forman una corriente de fluidos y ayudan al óvulo a avanzar flotando hacia el interior de la trompa. Allí le esperan los cilios vibrátiles, que recubren todo el interior de la trompa, y seguirán desplazando al óvulo hasta el tercio externo de la trompa. Durante este recorrido el óvulo ha madurado y es ahora fe-

En el transcurso de esta maduración, el óvulo crece dentro del folículo en una cavidad llena de líquido, que lo traslada al borde del ovario donde, bajo el estímulo de la hormona LH, el óvulo maduro es expulsado del ovario hacia las ramificaciones (fimbrias), que flanquean la entrada de la trompa, la cual, debe recorrer una vez

La ovulación

El momento más propicio para la fecundación del óvulo se encuentra entre las 12 y 15 horas a partir del momento en que se hace fecundable. Si el óvulo no es fecundado en 24 horas comenzará su degeneración y será expulsado a través de la menstruacción.

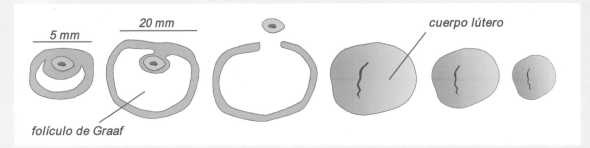

5 mm

20 mm

cuerpo lútero

folículo de Graaf

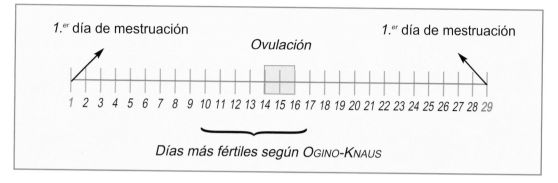

CICLO DE 28 DÍAS

1.er día de mestruación   Ovulación   1.er día de mestruación

1 2 3 4 5 6 7 8 9 10 11 12 13 14 15 16 17 18 19 20 21 22 23 24 25 26 27 28 29

Días más fértiles según OGINO-KNAUS

cundable. Llegados a este punto sólo podrá sobrevivir si es fecundado por un espermatozoide.

Por otro lado, el espermatozoide también ha hecho un largo y peligroso viaje para llegar hasta la trompa. Una vez producida la eyaculación, los espermatozoides se mueven hacia el cuello de útero ayudados por el moco cervical, lo remontan, atraviesan el útero, impulsados por la energía que les proporciona una pequeña cola central que se encuentra en su cuello y llegan hasta la trompa. Durante este recorrido deben superar una serie de barreras físicas y químicas que los reducen drásticamente: de los 350 millones de espermatozoides eyaculados sólo un centenar llegará a acercarse al óvulo y

sólo uno lo penetrará. Estas barreras tienen la finalidad de seleccionar a los espermatozoides más capacitados y evitar que los defectuosos o menos dotados puedan llegar hasta el óvulo.

Cuando los espermatozoides más resistentes y el óvulo preparado para ser fecundado se encuentran, unas proteínas producidas por el

Vivir desde el principio el embarazo entre dos será más gratificante para la madre, que se sentirá más segura, y para el padre, que se involucrará desde la concepción con el nuevo bebé.

El espermatozoide

Selección de los espermatozoides

Desde que el esperma es eyaculado hasta que llega a su destino tiene que superar cinco barreras:

1. La mitad de los 350 millones de espermatozoides son defectuosos.
2. La secreción ácida de la vagina es un medio extremadamente hostil, muchos espermatozoides segregan enzimas que disuelven la mucosidad ácida, sacrificándose así para dejar paso a los demás.
3. Un millón aproximadamente rebasa el cuello del útero.
4. Un millar entra en las trompas.
5. Un centenar llega hasta el óvulo.

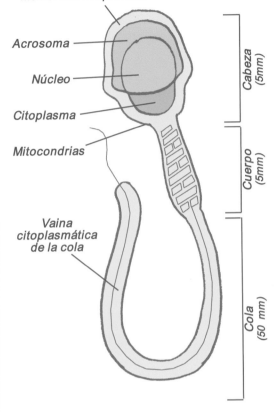

óvulo activan las enzimas presentes en la cabeza de los espermatozoides, estas son las encargadas de disolver la capa protectora que rodea al ovocito. Cuando uno de ellos consigue entrar y traspasar las dos membranas que le separan del núcleo, las miles de pequeñas vesículas dentro del ovocito se rompen y expulsan proteínas y enzimas que hacen al óvulo impenetrable. Inmediatamente después de introducir la cabeza dentro del óvulo (el resto del cuerpo queda fuera), el espermatozoide experimenta su última fase de maduración convirtiéndose en una célula de 23 cromosomas.

Si se está programando un embarazo, lo mejor es estar muy atento a los primeros síntomas y empezar a cuidar la alimentación y los hábitos antes de que se confirme.

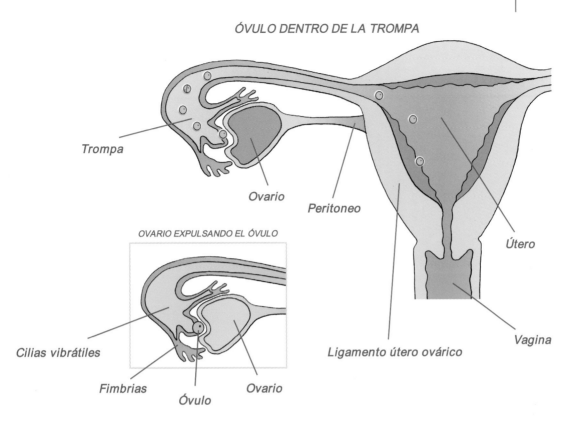

ÓVULO DENTRO DE LA TROMPA

Trompa

Ovario

Peritoneo

Útero

Vagina

Ligamento útero ovárico

OVARIO EXPULSANDO EL ÓVULO

Cilias vibrátiles

Fimbrias

Óvulo

Ovario

En ese preciso instante se produce la unión entre los dos núcleos, los 23 cromosomas del núcleo femenino y los 23 del masculino; es decir, la fecundación, la primera célula y el primer segundo de vida de lo que llegará a ser un bebé.

Al cigoto, que es el nombre que nuestro futuro bebé recibe en esta fase, aún le queda mucho viaje por delante, tardará de cinco a diez días en llegar a la cavidad uterina, ayudado por los cilios vibrátiles presentes en la trompa y las contracciones rítmicas que produce la musculatura de este órgano.

Transcurridas pocas horas de la unión entre los dos núcleos se produce la primera división de la célula que se ha creado y se forman

Consejos prácticos

Para prevenir las náuseas y los vómitos matinales, es bueno tener unas galletas a mano y comerse una antes de salir de la cama.

Durante el embarazo algunas mujeres experimentan un aumento de saliva, en este caso es bueno llevar colines de pan a mano y comerlos cuando tanta salivación sea molesta.

La prueba

En casa. Todos los productos que se venden en farmacias para detectar el embarazo se basan en un único método: la búsqueda en la orina de la hormona típica del embarazo, la ganodropina coriónica o HGC. Esta sustancia la produce el organismo a partir del séptimo día de la fijación del óvulo fecundado en el útero, por lo tanto si la prueba da positiva es bastante fiable.

En el laboratorio. Los test de embarazo que se hacen en los laboratorios de análisis clínicos son sin duda los más fiables, también estos se basan en la búsqueda de la hormona HCG.

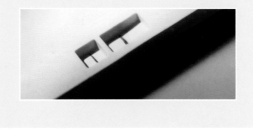

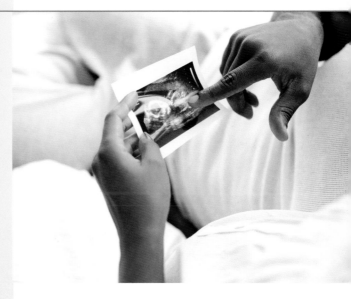

gestación del futuro bebé ha comenzado. En unos nueve días se formarán la membrana y la bolsa amniótica.

PRIMEROS SÍNTOMAS

Han pasado las primeras semanas desde la concepción de nuestro bebé, y llevamos el primer retraso en la menstruación, este es el momento de hacerse la prueba de embarazo.

La amenorrea (ausencia de menstruación) es el primer síntoma físico que hace sospechar el embarazo, pero la mujer ya se suele sentir diferente, tiene una sabiduría innata que le hace intuir su embarazo. Esto no es de extrañar, pues desde el momento de la fecundación, su organismo experimenta cambios hormonales destinados a mantener el embarazo y preparar el pecho para la lactancia. Pronto estos cambios hormonales empiezan a manifestarse físicamente con las molestias normales del embarazo: el pecho se vuelve más turgente, pueden aparecer

dos nuevas células. Estas células sufren divisiones progresivas que se suceden a un ritmo de dos al día. Las células cada vez se van haciendo más pequeñas, de manera que el cigoto no crece en tamaño, para poder así traspasar la desembocadura de la trompa al útero por una apertura de medio milímetro de ancho. Una vez en el útero, se adhiere al endometrio y continúa dividiéndose, algunas células penetran en el tejido materno y el cigoto se implanta en la mucosidad uterina: es el primer esbozo de placenta. La

RECORRIDO DEL ESPERMATOZOIDE HASTA EL ÓVULO

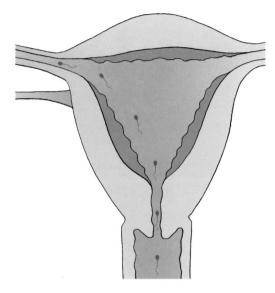

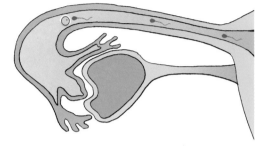

Como puede verse en el gráfico, el recorrido que tiene que superar el espermatozoide es largo y difícil. Sólo uno llegará… salvo que sea más de un bebé.

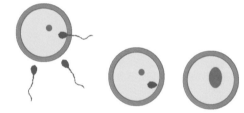

vómitos y náuseas matinales, cansancio y apatía, estreñimiento, etc. Estas molestias no deben inquietarnos, es lógico que se sufran cambios, ya que el cuerpo se está preparando y adaptando para crear y albergar a un pequeño ser humano.

Emocionalmente la mujer también sufre grandes cambios. Se siente mimosa, sensible, hipersensible más bien, dependiente, vulnerable y frágil. Es normal la inquietud que se produce en

la pareja ante este acontecimiento, que puede suponer en muchos casos un punto de inflexión en su relación de pareja y en su propia historia vital, si bien dependerá de diversas circunstancias como la educación, la condición social, el deseo o no del embarazo, el número de hijos y la propia personalidad de cada individuo.

Los antojos

Los repentinos cambios de apetito y gusto se deben a carencias que tiene el cuerpo y demanda de ciertos alimentos o hábitos que le faltan, por ello es conveniente satisfacerlos. Ya que cada persona es un mundo, los antojos y los síntomas de embarazo pueden variar drásticamente de una mujer a otra, incluso en embarazos diferentes de una misma mujer, ya que dependiendo del momento y de las circunstancias, el cuerpo necesitará unas cosas u otras.

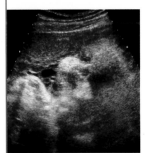

En el caso concreto de la mujer, los cambios hormonales que experimenta su cuerpo favorecen además los cambios de ánimo, y cuando este se encuentre en su punto más bajo, puede aparecer una sensación de fragilidad, de temor al futuro o de desprotección.

El hombre no debe sentir miedo hacia este nuevo estado de la mujer, sólo entender que muchos cambios están ocurriendo en su interior, cambios a los que se tienen que adaptar la mente y las emociones al igual que el cuerpo.

La mujer por su parte debería entender que, aunque el hombre no esté gestando un bebé, el embarazo también le supone dudas y temores con respecto a los cambios que al ser padre puedan producirse, sobre todo si es primerizo, en cuanto a la relación de pareja, a la pérdida de independencia, o la economía familiar, preocupaciones que rondarán la cabeza del padre del mismo modo que también afectan a la madre.

Es importante entender que esto es sólo una fase y que pasará. Lo mejor, como en la mayoría de las situaciones en la vida, es comunicar y expresar con franqueza los deseos, tristezas y temores. La comunicación refuerza la unión y la complicidad entre la pareja y ayuda a entender que todo está siguiendo su curso de forma natural y que seguramente llegará a término habiendo aportado muchos más puntos positivos que negativos en la pareja.

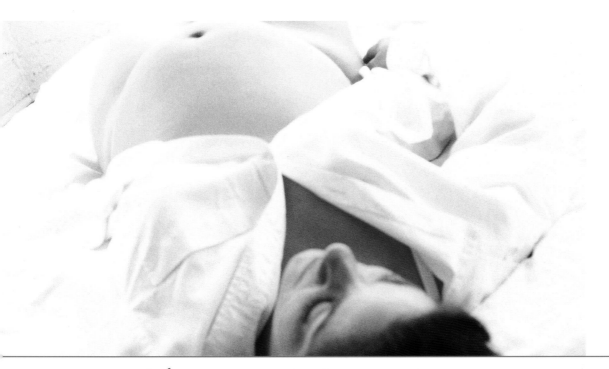

Mamá y bebé mes a mes

EL CAMINO DE LA VIDA SE HA INICIADO Y A LA MADRE LE ESPERAN NUEVE MESES DE CAMBIOS CONSTANTES.

La mayoría de las embarazadas soportan todas las molestias con paciencia porque ven muy cerca la ilusión de ser madres. A continuación vamos a explicar detalladamente qué ocurre cada mes en tu cuerpo y cómo crece tu hijo dentro de él.

TÚ MES A MES

PRIMER TRIMESTRE DE LA MADRE

El PRIMER MES tu útero tendrá el tamaño de una pelota de *ping-pong*.

Físicamente tendrás cambios muy apreciables y habituales: se te cortará la regla, puede que sientas ligeras molestias o pinchazos en la zona pélvica, un aumento en las secreciones vaginales, mareos y vómitos que te pueden llevar a perder algo de peso, y una gran necesidad de orinar frecuentemente.

Emocionalmente te sentirás alterada debido a los cambios hormonales o de humor y puede que te sientas triste sin ninguna causa aparente. También es bastante común que tengas sentimientos contradictorios frente a la maternidad, o sentir miedo hacia este nuevo estado, sobre todo si es el primer hijo.

Es importante que evites totalmente tomar cualquier tipo de medicamentos a menos que sean específicamente prescritos por el médico, ya que los tres primeros meses son funda-

El SEGUNDO MES tu útero tendrá el tamaño de una pelota de tenis. Físicamente lo más probable es que no tengas muchos cambios apreciables, aunque dentro de ti sí que los haya: el cordón umbilical tiene ya su forma definitiva y el líquido amniótico está haciendo su función; es decir, mantiene al feto protegido y a temperatura constante.

Emocionalmente los cambios hormonales seguirán alterando tu estado de ánimo. Mientras te sientas así es que todo va bien, quiere decir que tu cuerpo y tus emociones están reaccionando ante los cambios que estás sufriendo, preparándose para albergar y crear una nueva vida. Esto no quiere decir que necesariamente tengas que encontrarte rara, ya que muchas mujeres llevan un embarazo estable desde el punto de vista anímico y otras no. Comunica tus sentimientos, especialmente si sospechas tú o tu entorno que los síntomas depresivos son mayores en tiempo o en intensidad de lo considerado como normal.

El TERCER MES tu útero tendrá el tamaño de un pomelo. Físicamente al final de las 12 se-

mentales para la formación del feto. Si sigues un tratamiento farmacológico de forma crónica debes consultar cuanto antes la conveniencia de mantenerlo, incluso desde el momento en el que decidas buscar el embarazo.

También debes evitar los rayos X, incluso los que se hagan en el dentista, ya que pueden afectar al desarrollo del niño.

FECUNDACIÓN DE EMBARAZO MÚLTIPLE

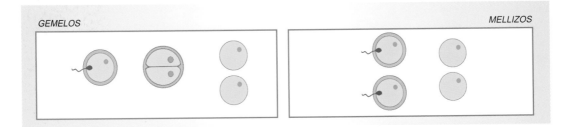

Los gemelos son el producto de la fecundación de un óvulo por un espermatozoide con una división posterior, mientras que los mellizos proceden de dos óvulos fecundados por dos espermatozoides distintos.

*Los **gemelos** comparten la misma placenta.*

manas las náuseas y los vómitos empezarán a cesar, aunque hay mujeres en las que estos síntomas y la acidez se prolongan a lo largo de todo el embarazo. Seguramente ahora no tendrás que ir tanto al servicio como antes.

Ya que los movimientos intestinales se ralentizan durante el embarazo, puede que sufras de estreñimiento. El volumen de sangre que circula por tu cuerpo se incrementa, provocando que tus pulmones, riñones y corazón se esfuercen más.

Tu estado emocional puede seguir alterado, y cosas pequeñas pueden afectarte enormemente por causa de los cambios hormonales.

TU BEBÉ MES A MES

Primer trimestre del bebé

El viaje de tu bebé hacia la vida ha comenzado. Aunque, gracias a las nuevas tecnologías, podemos saber qué pasa exactamente dentro de tu cuerpo y los cambios que el nuevo ser sufre, el misterio de la vida no deja de maravillarnos, todo lo contrario, la vida sigue siendo un prodigioso milagro.

Semana 4ª: ya se oye su corazón.

El ovocito que se implantó en el útero a los siete días de su fecundación ha cambiado mucho: ahora es un embrión.

Embarazo múltiple

Un embarazo múltiple es aquel en el que se desarrollan dos o más fetos. Hoy en día debido a las técnicas de fertilización estos embarazos son más usuales: de cada 100 tratamientos, 20 dan lugar a embarazos gemelares y 4,5 provocan embarazos triples. Pero en condiciones normales, con esto queremos decir naturales, uno de cada 80 embarazos es múltiple. Y, aunque se desconocen las causas de la herencia, si hay antecedentes en la familia las probabilidades son mayores. Existen dos tipos de embarazos múltiples: el de gemelos idénticos (homocigóticos) y el de los mellizos (heterocigóticos).

Gemelos idénticos: se produce cuando el huevo fecundado, sin causa aparente, se divide en dos o tres; en este caso se llamarían trillizos, y en cada una de ellas se desarrolla un bebé. Comparten una misma placenta, siempre son del mismo sexo y tienen las mismas características físicas y genéticas.

Mellizos: se produce cuando dos óvulos diferentes son fecundados por dos espermatozoides diferentes. El hecho de que se produzca una ovulación doble es excepcional, pero aun así los mellizos son tres veces más comunes que los gemelos idénticos. Cada uno posee su propia placenta, pueden ser o no del mismo sexo, y son tan similares entre sí como lo pueden ser dos hermanos.

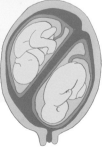

*Los **mellizos** se gestan en placentas distintas.*

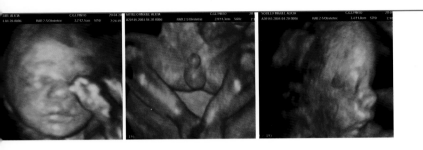

En las ecografías en tres dimensiones pueden observarse todos los detalles y características del feto aunque aún sea muy pequeño.

Aproximadamente a los 20 días de la fecundación, su corazón empieza a latir.

Adopta ahora la característica postura encorvada de la vida intrauterina. Se encuentra totalmente protegido por el esponjoso corión, conectado a la placenta por el, aún poco desarrollado, cordón umbilical.

Lo primero en perfeccionarse es la parte superior del organismo. Sus orejas y mandíbulas son una especie de branquias que nos recuerdan dónde surgió la vida.

Se distinguen las primeras vértebras y la cabeza. Los brazos aparecen en forma de protuberancias. El intestino, la vesícula blastodérmica que originará los tejidos de sostén, el hígado, los riñones, el cerebro y los ojos son los primeros órganos que empiezan a desarrollarse.

Mide unos 6 mm, el tamaño de un grano de trigo, y crece muy rápidamente, aproximadamente 1 mm al día.

SEMANA 5ª: el cordón ya está formado del todo. La longitud del embrión se ha duplicado, mide ahora entre 8 y 12 mm. Los brazos son las primeras extremidades en distinguirse, y se ve claramente la cabeza inclinada sobre el vientre, aunque un esbozo de los ojos son los únicos rasgos que se distinguen en ella. Aparece una cola que desaparecerá en la semana 16ª.

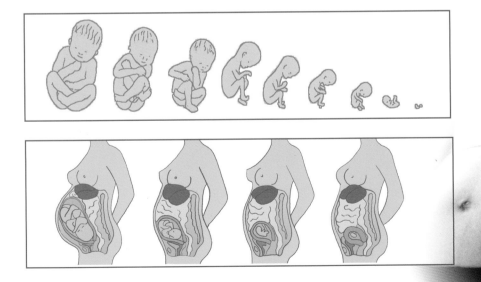

EVOLUCIÓN DEL EMBRIÓN

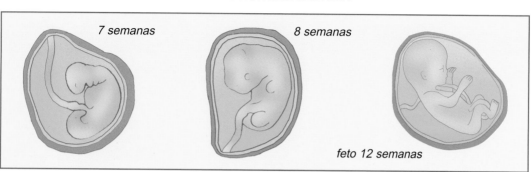

7 semanas   *8 semanas*

feto 12 semanas

Al final del primer trimestre, el bebé ha cambiado totalmente: de ser un minúsculo embrión ha pasado a considerarse un feto con forma ya de niño.

SEMANA 6ª: se puede ver el hígado.

En la sexta semana de embarazo el embrión comienza a desarrollar el oído interno y el externo, y la nariz toma forma. Aunque sus manos sean pequeñas protuberancias, en ellas se empiezan a perfilar los dedos.

Su encéfalo consta de cinco vesículas y en su corazón, que late ahora muy deprisa, se empiezan a definir las cuatro cavidades que lo componen.

La piel que recubre al embrión es aún muy fina y transparente, y a través de ella se puede ver un abultamiento oscuro en el abdomen: este es el hígado que ya ha comenzado a formar glóbulos rojos.

SEMANA 7ª: ya tiene dedos.

En la séptima semana desde la fecundación de tu bebé ya se identifican los ojos, la nariz, los labios y la lengua. También se pueden distinguir los brazos y las piernas, que aunque aún son muñones ya tiene sus dedos definidos. Se estructuran los hemisferios cerebrales.

También ahora se forman los primeros músculos y modelos cartilaginosos que formarán los huesos.

SEMANA 8ª: tiene forma de bebé.

Nuestro embrión crece a marchas forzadas. Las células nerviosas del cerebro se han conectado entre sí y empiezan a coordinar la actividad de los órganos. Las células se multiplican a un ritmo de cien mil cada minuto, su actividad se ha puesto en marcha gracias a la sangre del corazón que lo irriga correctamente, y el estómago, por su parte, empieza a segregar jugos digestivos.

Ahora que tiene algo de musculatura ya puede empezar a moverse, aunque aún es muy pequeño para que lo notes. Los movimientos son más que nada un reflejo de estimulaciones en la piel, lo que indica que el sentido del tacto ya está presente.

Los primeros huesos se empiezan a formar en los brazos, y aparecen las líneas de las palmas de las manos y las plantas de los pies, también el pulgar y las yemas de los dedos. En

A partir del quinto mes es probable que la mujer no encuentre una postura cómoda para dormir. Lo mejor es tumbarse de lado y a ser posible, del izquierdo, ya que en esta postura el feto recibe más oxígeno.

adoptan la postura fetal definitiva; los codos hacia atrás y las rodillas hacia delante. Abre y cierra los puños y la boca, dobla las articulaciones y gira la cabeza. Sus párpados se han desarrollado, aunque permanecerán cerrados hasta el séptimo mes de gestación, también tiene cejas y pabellones auditivos.

Se forman los huesos del cráneo, que permanecerán sin soldar hasta varios años después del parto, las cuerdas vocales y los intestinos. Los riñones producen orina, y esta pasa al líquido amniótico.

Al final del tercer mes en los niños se distinguen los testículos, y en las niñas los ovarios que ya contienen los óvulos.

Finaliza la formación de los órganos vitales, a partir de ahora sólo tendrán que perfeccionarse y el feto entra en el cuarto mes con su forma reconocible de bebé.

las mandíbulas crecen los brotes de los dientes de leche, y los párpados cubren todo el ojo.

Al final del segundo mes el feto toma aspecto de bebé, ya que la formación de todas las estructuras primarias se han completado. A partir de aquí empieza la fase de perfeccionamiento y crecimiento.

SEMANA 12ª: ya es un feto.
La fase más crítica del embarazo ha pasado. Ahora está fuertemente implantado.

La cabeza constituye un tercio del tamaño total del feto. La actividad cerebral se hace cada vez más compleja y el feto empieza a reaccionar a estímulos externos.

Empieza a mover sus brazos y piernas, que ahora se distinguen perfectamente, y éstas

TÚ MES A MES

SEGUNDO TRIMESTRE DE LA MADRE
El CUARTO MES tu útero tendrá el tamaño de un coco.
Físicamente tus pezones pueden oscurecerse y una línea oscura (*linea nigra*), que va desde el

ombligo hasta el vello púbico, puede aparecer, esta se hará imperceptible en gran parte después del parto. Ya no tendrás vómitos y náuseas, pero pueden aparecer ardores de estómago, estreñimiento y cogestión nasal. Ahora empezarás a sentir las patadas y los movimientos del bebé. Tu apetito aumentará.

El fondo del útero alcanza el hueso del pubis. La placenta cumple sus funciones de nutrición, respiración, excreción y secreción hormonal. El líquido amniótico aumenta.

Emocionalmente, el cambio de aspecto físico puede motivar sentimientos contradictorios, aunque ahora también se incrementará el interés hacia el bebé, ya que le notas moverse dentro de ti.

El QUINTO MES el útero tendrá el tamaño de un melón.

Físicamente, en general, no habrá muchos cambios con respecto al cuarto mes, aunque tu vientre seguirá aumentando. El útero alcanzará el nivel del ombligo.

Emocionalmente tampoco varía mucho con respecto al cuarto mes, quizá ahora te cueste dormir, ya que no encuentras la postura adecuada, la más apropiada es de costado.

El SEXTO MES el útero tendrá el tamaño de una sandía.

Físicamente el útero ha tenido que adaptarse para que el niño pueda moverse, desplazando tus órganos, especialmente el hígado, los riñones

y el bazo. Además empezarás a experimentar las llamadas contracciones de Braxton-Hicks, estas masajean al feto y te preparan para lo que será el parto. No son dolorosas y como mucho se nota un endurecimiento o ligera tensión en la parte inferior del vientre.

Emocionalmente tienes al niño mucho más presente, incluso soñarás con él. El tiempo ahora empezará a pasar mucho más deprisa.

TU BEBÉ MES A MES

SEGUNDO TRIMESTRE DEL BEBÉ

SEMANA 16ª: sientes las primeras patadas. En este cuarto mes de tu embarazo te sorprenderá notar las primeras patadas. El feto, que aún

Con un embarazo de más de 16 semanas, el feto se mueve sin parar y se notan sus «patadas» desde fuera. Es el momento de que el futuro padre lo empiece a sentir tanto como la madre.

se mueve dentro del útero a sus anchas, goza de una gran actividad, y los músculos se desarrollan muy rápidamente. Empieza a jugar con el cordón umbilical.

En las manos, que ya están terminadas, aparecen las uñas y las huellas dactilares. En el intestino se produce una sustancia espesa y oscura llamada meconio: este será el primer excremento que el bebé expulse al nacer. Los huesos de su aparato auditivo ya están formados, le permite escuchar el corazón de la madre y desarrollar el sentido del equilibrio, lo que le ayuda a saber cuál es la posición en la que se encuentra la madre.

Los órganos sexuales terminan de formarse; en la hembra el útero y la vagina, y en el varón los testículos descienden hacia el saco escrotal. Desaparece la cola de renacuajo.

El corazón late a un ritmo de 120 a 160 pulsaciones por minuto y bombea unos 30 l de sangre diarios.

Movimiento

Los movimientos del feto dentro del útero son necesarios para su crecimiento armónico, alternan la posición en la que se encuentran saltando repetidamente. Es necesario que lo hagan así para poder desarrollar todo su cuerpo de forma homogénea. También facilitan el reciclaje del líquido amniótico y su finalidad es la búsqueda de la postura para el parto.

EVOLUCIÓN DEL EMBRIÓN

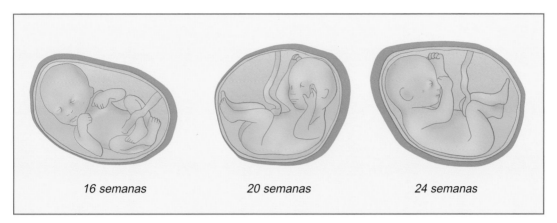

16 semanas   20 semanas   24 semanas

Al final del segundo trimestre, el feto puede abrir los ojos e incluso es capaz de percibir el color.

SEMANA 20ª: oye los sonidos del exterior.

El quinto mes tu bebé lo dedica principalmente a practicar con su nuevo cuerpo actividades que una vez fuera de tu vientre le serán básicas para sobrevivir.

El aparato respiratorio es el que más tarda en perfeccionarse, y, aunque hasta el séptimo mes no estará preparado para respirar, empieza ahora a practicar los ejercicios de respiración que pondrá en marcha una vez que nazca, ya que mientras se encuentre en el vientre materno el oxígeno le llega a través de la placenta.

Empieza a llevarse el pulgar a la boca, esto le ayuda a practicar la succión, y aprende a tragar pequeños sorbos de líquido amniótico para poner así en marcha el aparato digestivo. Puede que en esta época empieces a notar pequeños sobresaltos rítmicos dentro de tu abdomen, esto significa que tu bebé tiene hipo, lo sabrás distinguir en seguida, es debido a que ha ingerido un exceso de líquido.

Alrededor de la semana 24ª su aparato auditivo termina su maduración. En tu quinto mes de embarazo el feto percibe los ruidos del exterior, le afectan los gritos y cualquier ruido molesto o estruendoso, los cuales le pueden sobresaltar. La intensidad con que respira la madre y la frecuencia del latir de su corazón también le afectan, ya que a través de ellos percibe su estado de ánimo.

Fisiológicamente también se producen algunos cambios; todo el cuerpo se le cubre con un finísimo vello, que se llama lanugo, y por una grasilla, la *vernix caseosa*, que le protege la fina piel de la constante humedad del líquido amniótico.

Se le desarrollan los pezones y las glándulas mamarias y el esqueleto se le endurece considerablemente.

El corazón le late a unas 120-170 pulsaciones por minuto. A veces se puede oír el latido del feto apoyando la cabeza sobre el abdo-

men de la madre. Esta puede ser una buena experiencia para el padre, haciéndole más partícipe de los avances y la vitalidad de su hijo.

·SEMANA 24ª : sus patadas son visibles.
Aunque el bebé está ahora algo apretado en la placenta, aún tiene la suficiente libertad como para dar volteretas. Cuando haga esto, además de sentir perfectamente cómo se da la vuelta,

sus patadas y puñetazos serán incluso visibles. En ocasiones, se le puede agarrar un talón o un puño. Esta experiencia es impresionante, hay gente a la que le da dentera verlo, pero para la madre es emocionante, da la sensación de estar jugando con el bebé antes de que haya nacido.

Oído

Aunque el aparato auditivo del feto se termina de perfeccionar alrededor de la semana 24ª, existen estudios que demuestran que el feto ya posee esta capacidad en la semana 16ª. El útero de la madre está lleno de ruidos fuertes y rítmicos que provienen de su propio organismo, tales como el latido de su corazón, el aire que pasa por el intestino, la respiración y las resonancias óseas; estos ruidos y el líquido amniótico disminuyen la capacidad de audición de los

sonidos externos. El feto es capaz de distinguir sonidos y ruidos altos o intensos, como el ladrido de un perro, la televisión o la música. Si durante el embarazo se acostumbra a los ruidos cotidianos, cuando nazca estará tan habituado a ellos que no le molestarán su sueño. Los ruidos muy fuertes y repentinos, como gritos o golpes, crean sobresaltos en el feto que reacciona con movimientos bruscos para intentar alejarse de ellos.

Por sus movimientos también se pueden notar sus preferencias, por ejemplo musicales, o de la postura de la madre: los movimientos bruscos manifestarán que está a disgusto.

A excepción de los pulmones, que aún tardarán un mes en funcionar correctamente, todos sus órganos vitales han madurado. El bebé está ya muy formado, y ahora empiezan las semanas más intensas de su crecimiento, que decrecerán a partir de la semana 36ª. Durante este período su trabajo será engordar y acumular grasa.

Se desarrolla el paladar, y bajo los dientes de leche surge lo que será la dentadura adulta. También se forma la lengua y la parte inferior de las mejillas, donde se desarrollan una gran cantidad de papilas gustativas que más adelante se reducirán en número. También en el sexto mes empiezan a crecer las uñas.

TÚ MES A MES

TERCER TRIMESTRE DE LA MADRE

El SÉPTIMO MES el útero medirá 28 cm. Físicamente la posición superior del útero se palpa 5 cm por encima del ombligo y la piel del vientre está muy tensa. A estas alturas la ganancia media de peso se sitúa en torno a los 9 kg. El corazón acelera el ritmo, ya que el niño precisa de la sangre de la madre en mayor cantidad.

Emocionalmente precisarás, ahora y hasta el parto, una mayor atención y cuidados. El tiempo parece no avanzar, especialmente a partir del octavo mes.

Gusto y olfato

Desde la semana 14ª el feto, gracias a la diversa fuente de sabores que componen el líquido amniótico, ya es capaz de distinguir los tres sabores básicos: el dulce, el ácido y el amargo. Aunque el feto incrementa los movimientos de deglución ante el sabor dulce y los disminuye si éste es amargo o ácido, los estudios demuestran que al nacer las preferencias de sabor son diversas y definidas y tienen relación con las adquiridas en el útero durante el embarazo. De la semana 11ª a la 15ª se desarrolla la estructura nasal. Con la inhalación y la deglución, el niño también experimenta el olor de los compuestos que saborea. La asociación gusto/olor que se desarrolla en el útero permanecen en el niño hasta después del nacimiento.

El OCTAVO MES el útero medirá 30 cm. Físicamente pueden aparecer dolores de espalda, respiración entrecortada, ardores de estómago, varices, anemia, insomnio, tobillos hinchados, estrías, frecuentes ganas de orinar y aumento en la transpiración. Todos ellos son síntomas lógicos teniendo en cuenta el desplazamiento de los órganos y la presión que ejerce el feto.

Las últimas semanas del embarazo deben dedicarse a descansar y a prepararse para el parto.

Emocionalmente, la atención se centra en el momento del parto, pueden aparecer miedos y preocupaciones por su inminencia.

El NOVENO MES tu útero medirá 33 cm. Físicamente no habrá cambios con respecto al mes anterior. Durante este trimestre se engorda una media de 5 kg. Si eres pequeñita, puede que en este mes te cueste estar sentada, ya que el bebé ejerce una gran presión sobre las costillas, y quizá la única posición en la que te sientas cómoda sea tumbada o de pie.

Emocionalmente seguirás centrada en el parto, y te parecerá que el tiempo no avanza, lo mejor es que te concentres en las relaciones y los ejercicios aprendidos en los cursos de preparación al parto. Mantente ocupada arreglando el cuarto para el niño y organizando su llegada, pero no te canses.

TU BEBÉ MES A MES

TERCER TRIMESTRE DEL BEBÉ

SEMANA 28ª: controla su vista.

En el séptimo mes de embarazo el feto se considera «vital», es decir, en caso de que nazca tiene muchas probabilidades de sobrevivir, aunque

Los masajes son una buena manera de relajarse y descansar. Pueden aliviar las molestias como dolor de espalda y cervicales, hinchazón en los pies, etc.

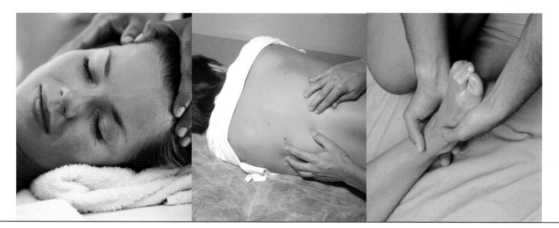

es considerado un parto prematuro. Si el nacimiento se produce antes de este período se habla de aborto.

Mientras el bebé crece físicamente dentro de la placenta, de la cual depende para su alimentación, respiración y protección, también se está convirtiendo en el ser humano que llegará a ser, y su comportamiento se parece mucho al que tendrá una vez nazca. Es ahora cuando se forman las primeras cisuras y circunvoluciones del cerebro. Se cree que estas secciones tienen que ver con el desarrollo de la personalidad y la inteligencia, así que seguramente sea en esta fase cuando se definan las características personales con las que nacerá.

Ahora que está perfectamente formado, sólo le queda perfeccionar su aparato respiratorio, que se termina de madurar en el séptimo mes. Aparecen los surfactantes pulmonares: estas sustancias son básicas para que se produzca el intercambio de oxígeno entre el aire de los alvéolos y el de la sangre que circula por los pulmones.

El vello que cubre su cuerpo, el lanugo, desaparece progresivamente, no así el *vernix*, la grasilla que lo cubre, que le acompañará hasta el parto.

En este mes se completa la retina y los párpados se abren. Abre y cierra los ojos a su antojo y puede dirigir la mirada hacia donde quiera, por ejemplo reflejos de luz o el sol en la playa, que lo verá como un reflejo rojizo.

Aunque los párpados del feto permanecen cerrados hasta la semana 26ª, los músculos oculares se desarrollan muy pronto, y son sensibles a la luz intensa que, colocada cerca del abdomen de la madre, provoca la aceleración del ritmo cardíaco del feto. Hacia el final del embarazo las paredes del vientre materno se tensan lo suficiente como para dejar que, cuando está desnudo, traspase algo de luz de tonalidad rojiza o rosada que el bebé percibe.

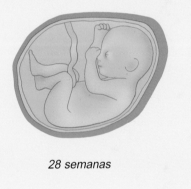

28 semanas

También al término de este mes podrá responder a los estímulos gustativos de sabores diferentes como lo dulce, agrio o ácido.

Semana 32ª: sólo le falta engordar.
En este octavo mes de gestación tu bebé ya no puede moverse libremente, ocupa todo el espacio dentro del útero. A partir de este momento el crecimiento restante se basa en la ganancia de peso, puesto que físicamente el desarrollo es completo. Un feto demasiado grande para su edad gestacional puede indicar

En la semana 36ª el bebé se encaja en el canal del parto: está preparado para nacer.

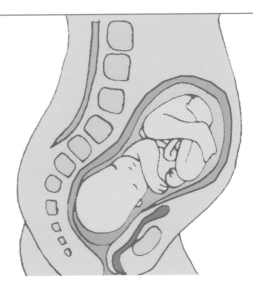

patologías en él mismo o en la madre. Sus formas se vuelven redondeadas y la piel se vuelve más gruesa, tornándose de un color rosa, que ahora le sirve de aislamiento térmico.

En el octavo mes el sistema inmunológico se pone en marcha, y el bebé empieza a re-

EVOLUCIÓN DEL EMBRIÓN

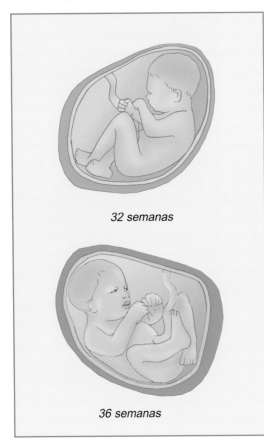

32 semanas

36 semanas

Con 36 semanas el bebé está maduro pero aún podría coger peso para completar su crecimiento antes de salir al mundo.

cibir muchos anticuerpos que le protegerán de enfermedades como la varicela, la poliomielitis, el sarampión o la escarlatina hasta seis meses después del parto.

Estos anticuerpos los produce la madre y le llegan a través de la placenta. Después del parto, el organismo de la madre seguirá proporcionando anticuerpos, que traspasará al niño a través de la leche materna. Durante los tres primeros días después del parto el pecho produce un líquido amarillento llamado calostro: esta sustancia natural es especialmente valiosa para la protección del lactante frente a la polio, la gripe, las infecciones respiratorias e intestinales.

SEMANA 36ª: se encaja preparándose para el parto. En la semana 36ª se cumplen 9 meses desde la fecundación, la duración media de la gestación finaliza en la semana 40ª a partir del primer día de la última menstruación. De todas formas una gestación que termina entre la semana 38ª y la 42ª son consideradas normales.

¿Los pensamientos de la madre afectan al feto?

El hecho de si al feto le afectan las experiencias, pensamientos y emociones de la madre es algo que los científicos no han logrado probar todavía. Aunque hay médicos que afirman que en el subconsciente del niño se graban las emociones, los pensamientos y las ideas de la madre mientras se forma en su vientre, hay otros que opinan que afirmar que lo que vive la madre lo experimenta el niño puede ser perjudicial para los padres, ya que suelen tener los normales sentimientos de rechazo ante el embarazo, o incluso crear en la madre un excesivo sentimiento de responsabilidad y culpabilidad hacia sus pensamientos negativos. Sin embargo no podemos obviar el hecho de que el niño percibe olores, sabores, colores y sonidos, y es capaz de expresar sus preferencias a través de sus movimientos, incluso es capaz de detectar el estado de ánimo en el que se encuentra la madre por el latir del corazón, por lo tanto es lógico pensar que, ya que es un ser receptivo, también percibe emociones y sentimientos, los cuales están íntimamente ligados a los pensamientos. Esto no debe preocupar a la madre, o hacerle sentirse ansiosa ante momentos de enfado o tristeza: estos estados son normales en todo ser humano, y al igual que los de alegría, el niño aprende a sentirlos desde el vientre.

En estas últimas semanas los únicos cambios que se producen en el bebé son el aumento de peso y talla, los cuales son considerables en comparación al mes anterior. Al principio del noveno mes los alvéolos pulmonares están todavía incompletos, pero hacia la semana 38ª todos los órganos del niño estarán listos para funcionar fuera del cuerpo materno, incluso domina a la perfección los ejercicios de succión y respiración que ha estado practicando durante los últimos meses.

El lanugo que le cubría el cuerpo ha desaparecido casi por completo, aunque hay casos en los que el bebé nace con restos de él, que se le irá cayendo en las primeras semanas de vida extrauterina.

El último esfuerzo que le queda por hacer es colocarse en posición de parto; es decir, encajarse. Aunque lo habitual sea encajar la cabeza en el orificio óseo de la pelvis de la madre, hay un reducido número de niños que se encajan de nalgas o transversalmente.

SEMANAS 38ª-40ª: parto.

El bebé oye, ve, se mueve, degusta e incluso huele su alrededor; se está preparando para la vida.

El niño recibe su alimento, protección y oxígeno de la madre, también las hormonas que ella genera, tanto aquellas producidas por la relajación y el bienestar como las generadas por el nerviosismo o la tristeza, son transmitidas al bebé, por lo tanto es lógico pensar que también reacciona ante los estados de ánimo y pensamientos de su madre.

Ya no cabe muy bien en el útero y sus movimientos se sienten más lentos. Estas últimas semanas pasan muy despacio para la madre, que está agotada e impaciente y puede sentir contracciones falsas previas al parto con frecuencia. Es el momento de plantearse que queda muy poco y vivir el final del embarazo con alegría y tranquilidad.

La mayor parte de las mujeres tienen el parto en torno a la semana 40ª pero si se produce entre la 38ª y la 42ª es completamente normal. Si el bebé nace antes de la semana 37ª se considera parto pretérmino y si ocurre después de la 42ª, parto postérmino.

En cualquier caso, en la semana 40ª el embarazo toca a su fin y el parto se desencadenará pronto si no lo ha hecho ya.

Alimentación y consejos saludables

UNA ALIMENTACIÓN EQUILIBRADA DU-RANTE TU EMBARAZO NO SÓLO CONTRIBUIRÁ A LA SALUD DE TU HIJO, TAMBIÉN TE AYUDARÁ A PREVENIR Y CONTRA-RRESTAR LOS TRASTORNOS DIGESTIVOS Y CIRCULATO-RIOS, TAN COMUNES DURANTE LA GESTACIÓN, Y A LLEGAR EN LAS MEJORES CONDICIONES AL PARTO Y A LA LACTANCIA.

dos los alimentos poseen diferentes vitaminas, así que una dieta variada aportará al organismo las vitaminas que necesita. Si tu dieta es equilibrada y variada no es necesario tomar preparados medicinales a menos que el médico lo indique expresamente. Normalmente, al final de la gestación, se suelen recomendar preparados vitamínicos de refuerzo hasta el final de la lactancia.

VITAMINAS

Las vitaminas son sustancias imprescindibles para el funcionamiento correcto del organismo, que no pueden ser fabricadas por el mismo y que por tanto tienen que ser adquiridas a través de la alimentación, por lo que vigilar su consumo es muy importante sobre todo durante el embarazo. To-

VITAMINA A-RETINOL

Beneficios: crecimiento, formación de los huesos, dientes, mucosas, piel, órganos de la vista, resistencia a las infecciones.

Dónde se encuentra: en la leche entera y sus derivados, la yema de huevo, el hígado, y las verduras y hortalizas como las zanahorias.

Vitamina B1-Tiamina

Beneficios: ayuda al funcionamiento normal de los nervios y el corazón, la asimilación de los azúcares, el crecimiento y la resistencia a la fatiga.

Dónde se encuentra: en la carne de cerdo, el hígado y demás vísceras, el pan integral, las leguminosas, frutos secos, yema de huevo, patatas, naranjas y piña.

Vitamina B2-Riboflavina

Beneficios: ayuda en los procesos o reacciones metabólicas del organismo.

Dónde se encuentra: en la leche entera y sus derivados, el hígado, los riñones, los frutos secos, las hojas de las hortalizas, las judías y los guisantes.

Vitamina B6-Piridoxina

Beneficios: normaliza la digestión y facilita la asimilación de los alimentos. Puede utilizarse los primeros meses asociada a un antihistamínico para paliar las náuseas y los vómitos.

Dónde se encuentra: en la leche, la yema de huevo, la carne blanca y roja, el pan y el arroz integral, las setas y los tomates.

Vitamina B9 (ácido fólico)

Beneficios: especialmente aconsejado en los embarazos, ya que previene las hemorragias, los vómitos, los partos prematuros, ciertas malformaciones como la espina bífida, el retraso mental y los problemas de crecimiento del bebé.

Dónde se encuentra: en las hojas verdes de las hortalizas y verduras, el hígado, los frutos secos, los espárragos, los riñones y los huevos.

Vitamina B12-Cobalamina

Beneficios: imprescindible para la formación de cualquier tipo de célula, incluyendo los glóbulos rojos, siendo su carencia responsable de cierto tipo de anemia.

Dónde se encuentra: en la leche, la yema de huevo, la carne roja, el aguacate y la soja.

Niacina

Beneficios: mantiene la piel y el sistema nervioso en buen estado, ayuda al funcionamiento normal del tracto gastrointestinal y a la síntesis de las hormonas sexuales.

Dónde se encuentra: en el hígado, los frutos secos, las aves, los pescados azules y el conejo.

Un zumo de naranja recién exprimido y sin azúcar es el mejor refresco para la mujer embarazada.

Los derivados de la leche como el yogur pueden ser un buen complemento de calcio. El queso es mejor tomarlo fresco que curado, es muy digestivo y engorda menos.

VITAMINA C-ÁCIDO ASCÓRBICO

Beneficios: ayuda a absorber el hierro, facilita el crecimiento, el desarrollo de los huesos y de los dientes y la cicatrización de las heridas.

Dónde se encuentra: en las frutas en general pero especialmente en los cítricos, las fresas, el kiwi, los melones y los tomates. También en la leche, los huevos, el pescado, el hígado, los pimientos y la col.

VITAMINA D

Beneficios: indispensable para la absorción del calcio esencial para la formación de los huesos del bebé. El organismo cuadruplica su consumo durante el embarazo.

Dónde se encuentra: en los pescados azules, la yema de huevo, el hígado, la mantequilla y la nata. También se sintetiza a través de la absorción cutánea de los rayos solares.

VITAMINA E

Beneficios: necesaria para el desarrollo normal del niño y del embarazo.

Dónde se encuentra: está presente en cantidad suficiente en casi todas las dietas.

VITAMINA K

Beneficios: forma parte del complejo sistema que permite que la sangre se coagule cuando sea necesario, siendo su carencia un riesgo de hemorragias.

Bajo peso previo al embarazo
Peso normal previo al embarazo
Sobrepeso previo al embarazo

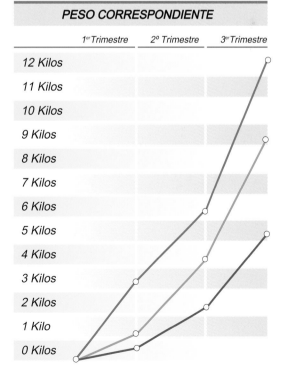

PESO CORRESPONDIENTE

	1er Trimestre	2º Trimestre	3er Trimestre
12 Kilos			
11 Kilos			
10 Kilos			
9 Kilos			
8 Kilos			
7 Kilos			
6 Kilos			
5 Kilos			
4 Kilos			
3 Kilos			
2 Kilos			
1 Kilo			
0 Kilos			

Dónde se encuentra: en la yema de huevo, las espinacas, los tomates y las coles.

MINERALES

Los minerales son indispensables para el crecimiento de los huesos, el equilibrio y la renovación de los líquidos corporales y la formación de la sangre, por lo tanto durante el embarazo es importante enriquecer la dieta con aquellos alimentos que los poseen, ya que en este período hay que incrementar el consumo de alguno de ellos, como el calcio y el fósforo, en un tercio.

CALCIO

Beneficios: es indispensable para la formación del esqueleto del niño. Será en el período desde el quinto mes hasta el final de embarazo donde más hay que cuidar el consumo de calcio, ya que el contenido de calcio en el bebé pasa de 3 g en el quinto mes a 20 g en el momento del nacimiento.

Dónde se encuentra: un litro de leche diario cubriría las necesidades de la gestante y el bebé. La leche y sus derivados, el bacalao, el caviar, las ostras, los mejillones, las almendras, todas las verduras y en especial el nabo, la col, las espinacas, el brécol y la coliflor, el cacao, los copos de avena y el arroz.

FÓSFORO

Beneficios: también es indispensable para la formación del esqueleto del bebé. Su necesidad se incrementa notablemente a partir del tercer mes con 11mg diarios, y hasta el final del embarazo, con 153 mg diarios.

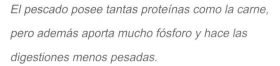

El pescado posee tantas proteínas como la carne, pero además aporta mucho fósforo y hace las digestiones menos pesadas.

La ingesta de dulces y grasas debe moderarse durante la gestación, ya que no es aconsejable aumentar más de 12 kg el peso corporal. La dieta de la embarazada debe ser variada y rica en frutas y verduras. No hay que olvidar que es mejor cuidar la calidad que la cantidad, ya que en realidad sólo hay un aporte calórico supletorio de 350 kcal.

Dónde se encuentra: en las carnes, los huevos, el pescado y en especial las sardinas y el atún, la leche, el queso, las aves, las almendras, los cacahuetes, las nueces, el cacao, las habas y los cereales.

HIERRO

Beneficios: interviene en la formación de los glóbulos rojos, por lo tanto asegura la calidad de la sangre del niño. En los últimos meses de embarazo el niño acumula una gran cantidad de este mineral, ya que la leche materna no lo posee en cantidad.

Dónde se encuentra: en los huesos, la carne, el hígado y vísceras, el pescado, la harina integral, la cebada, las judías secas, las habas, las lentejas, los guisantes, el brécol, las espinacas, los albaricoques, los melocotones, los higos, las ciruelas, las uvas, los mejillones, las ostras, los huevos, las almendras, las avellanas, los dátiles, el cacao y los cereales.

YODO (OLIGOELEMENTO)

Beneficios: imprescindible para la formación de la hormona tiroidea, que regula el metabolismo humano. Su carencia durante el embarazo puede desembocar en hipotiroidismo congénito, lo que conlleva un grave retraso físico e intelectual.

Dónde se encuentra: en los pescados de mar, mariscos, huevos, tomates, ajo, las verduras en general y especialmente las zanahorias, los espárragos, las setas, las judías secas, las espinacas y las habas.

SODIO (SAL) Y POTASIO

Beneficios: mantienen el equilibrio de los líquidos. Durante el embarazo es posible que se produzca una retención de sal (cloruro de sodio) que provoca retención de líquidos, en tal caso hay que vigilar el consumo de sal en la dieta, pero no desterrarla por completo, a menos que el médico lo indique expresamente, ya que puede alterar el equilibrio de los minerales en el organismo.

Dónde se encuentra: está presente en cantidades suficientes en la mayoría de los alimentos.

PROTEÍNAS

Las proteínas son, junto con las grasas y los azúcares, uno de los principios inmediatos o moléculas que forman los seres vivos. Están formadas por cadenas de aminoácidos más o menos extensas que le confieren diversas propiedades y funciones en el organismo. Existen 22 aminoácidos diferentes de los cuales nuestro cuerpo sólo sintetiza 13, los otros nueve, llamados esenciales, los debe adquirir mediante la alimentación.

Beneficios: las proteínas son por tanto esenciales para el desarrollo y el crecimiento del niño, ya que forman la estructura de sostén del cuerpo humano. Contribuyen en la formación y reparación de todos los tejidos del cuerpo, así como en su mantenimiento. Por otro lado, las

Durante el embarazo es conveniente que el pan sea integral. Así, además de los beneficios de los hidratos de carbono, aportaremos fibra a la dieta.

enzimas, las hormonas o los anticuerpos del sistema inmune también son estructuras mayoritariamente proteicas.

Dónde se encuentran: la carne, el pescado, la leche y los huevos contienen todo tipo de aminoácidos, mientras que muchos vegetales y legumbres contienen aminoácidos pero no todos a la vez, por eso es importante combinar los alimentos entre sí, para adquirir todas las proteínas necesarias. De todas formas, 150 g de carne o pescado al día aportarán la cantidad de proteínas necesarias al organismo.

GRASAS

Las grasas representan una importante fuente de energía, pero se han de tomar con prudencia, sobre todo durante el embarazo, ya que no queremos llegar al final de este con un excesivo sobrepeso que dificultaría el parto y la posterior recuperación de nuestro peso anterior. Las grasas animales, especialmente si están cocidas, son

La combinación de fruta, cereales y leche puede constuituir un magnífico desayuno.

difíciles de digerir, por eso es mejor no abusar o incluso evitarlas para no sufrir digestiones pesadas y ardores de estómago.

Beneficios: proporcionan energía y ayudan a la absorción de las vitaminas liposolubles (A, D, E y K). También ayudan a formar los fosfolípidos cerebrales que son básicos para el buen desarrollo del feto.

Dónde se encuentra: 20 g de mantequilla y dos cucharadas de aceite de oliva virgen al día son suficientes para cubrir las necesidades de grasa del organismo. Es mejor limitar el consumo de natas, quesos estacionados, cremas, embutidos, fritos, helados y tartas.

HIDRATOS DE CARBONO

Existen dos tipos de hidratos de carbono o azúcares: aquellos de absorción rápida que se denominan azúcares simples (azúcar, miel etc.) y aquellos que el organismo descompone en glucosa y son denominados como azúcares complejos (cereales, legumbres, etc.) Durante el embarazo es más conveniente ingerir los azúcares complejos de absorción lenta, ya que además de saciar el hambre durante más tiempo y engordar menos, aportan otros nutrientes como vitaminas, lípidos, minerales y proteínas.

Durante los primeros meses de embarazo conviene ingerir entre 200 y 250 g al día, y en los últimos meses se puede elevar la cantidad hasta 300 ó 400 g al día.

Beneficios: los hidratos de carbono son la principal fuente de energía que utiliza el organismo.

Dónde se encuentran: los azúcares simples en el azúcar, miel, fruta, mermeladas. Los azúcares complejos: en los cereales (trigo, maíz, arroz, cebada, avena), legumbres y hortalizas y en los tubérculos.

FIBRA

La fibra es un elemento de origen vegetal que ayuda a la digestión de varias maneras. Sin embargo, si no estás acostumbrada al consumo de fibra debes empezar comiendo pequeñas cantidades, porque si no puede provocarte diarrea. También es conveniente evitar ciertas verduras como la coliflor, la calabaza, el brécol o el repollo porque a pesar de poseer una gran cantidad de fibra provocan muchos gases.

Beneficios: la fibra es una buena aliada para la embarazada, ya que en este período las mujeres suelen sufrir de estreñimiento y la fibra facilita la expulsión de los excrementos. Protege al organismo ayudando a eliminar sustancias nocivas como los pesticidas y disminuye el colesterol y las grasas de la sangre.

Dónde se encuentra: en las frutas, las verduras, las legumbres, el arroz integral, los cereales integrales, la cebada, la avena y las algas.

EL AGUA

Durante la gestación, el volumen de agua retenido siempre se mantiene controlado por un preciso sistema hormonal sobre el que influyen notablemente las concentraciones de ciertos minerales. Un exceso de sal en la dieta puede provocar una retención hídrica compensatoria no deseable, por lo que la clave no es restringir

el consumo de agua, sino vigilar los minerales de la dieta.

Beneficios: el organismo sólo asimila las sustancias nutritivas si se encuentran en soluciones acuosas; el agua, además de cumplir esta función, transporta los residuos de la digestión, regula la temperatura del cuerpo a través de la transpiración e hidrata la piel. El agua forma parte del 75% de nuestro organismo, siendo además el origen y la base de toda forma de vida.

Dónde se encuentra: en el agua sin gas y de baja mineralización. Está presente en todos los alimentos.

Lo ideal es beber dos litros de agua diarios y evitar siempre la más mínima sensación de sed. También se pueden beber infusiones no excitantes y zumos de fruta, pero es mejor evitar las bebidas dulces y carbonatadas.

CALORÍAS

La mujer embarazada requiere un promedio de 350 kcal (1 kcal = 1.000 cal) más que una mujer no gestante. Este suplemento de kilocalorías se distribuye de la siguiente manera:

- En forma de nuevos tejidos de la madre, el feto y la placenta.
- En el esfuerzo físico que requiere la gestante para mantener su actividad diaria teniendo en cuenta el aumento progresivo de peso.
- En el aumento del rendimiento del metabolismo basal.

De todas formas hay que tener en cuenta las variaciones individuales de cada mujer, ya que el consumo de energía se encuentra relacionado directamente con el peso, la talla, la edad y la actividad física de cada una.

CÓMO COCINAR

VERDURAS Y HORTALIZAS

Todas las verduras que no precisen cocción deberían tomarse crudas, pero hay que asegurarse de que están bien lavadas. Se las puede lavar con abundante agua y una gotita de lejía. Las hortalizas se deben cocer el mínimo tiempo posible; es decir, que estén en su punto. Lo mejor es hacerlas al vapor ya que el hervor es el menos recomendado porque las vitaminas y las sales minerales se disuelven en el agua.

También se pueden cocer cortando las hortalizas en juliana, es decir, en tiras finas, con muy poca agua y poca sal en un recipiente cerrado hasta que estén hechas.

Consejos

Es importante tener horarios regulares, el niño crece progresivamente y necesita su nutrición diaria y regular, ya que algunas sustancias como las vitaminas no se acumulan en el organismo.

La calidad de los alimentos es mucho más importante que la cantidad.

Alimentos que se deben consumir con precuación:

Se recomienda evitar el consumo de la carne y el pescado crudo o poco cocinado. También los embutidos y ensaladas crudas mal lavadas, ya que se corre el riesgo de contraer la toxoplasmosis.

Hay que prescindir de las vísceras de animales de los cuales ignoramos su procedencia, en especial el hígado, ya que si la res fue engordada con sustancias hormonales, como el clenbuterol, estas se concentran en el hígado, y pueden causar intoxicaciones con efectos como náuseas, mareos o taquicardias.

Es conveniente que el padre se involucre en la alimentación de la embarazada: si él no pica entre horas, ella tampoco lo hará y si él se esfuerza en animarla, se le hará mucho más llevadero no tomar dulces ni otros alimentos «prohibidos».

CARNES Y PESCADOS

Lo mejor es hacerlos a la plancha o al horno, resultan más ligeros. Es aconsejable además condimentarlos con aceite, limón, poca sal y hierbas aromáticas y evitar todo tipo de fritos.

HUEVOS

Se aconseja evitar los huevos fritos, y es mejor usar aceite de oliva, en vez de mantequilla, para las tortillas.

SALSAS

Es conveniente evitar las salsas muy elaboradas y de períodos largos de cocción. Puedes utilizar leche semidesnatada y espesar las salsas con puré de patata.

SOPAS Y CALDOS

Utiliza ingredientes magros y prepáralos con tiempo, déjalos enfriar y retira la grasa que queda en la superficie.

POSTRES

Se recomienda sustituir el azúcar por la miel en pequeñas cantidades, ya que ayuda al aparato digestivo a hacer su función. Toma fruta entera o troceada, de esta forma te saciarás más que con tartas o *mousses*.

9 reglas de oro para 9 meses

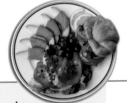

1. Haz cinco comidas al día con horarios regulares y no piques entre horas.

2. Mastica bien y come despacio. Procura crear un ambiente agradable y relajado a la hora de comer.

3. Cocina a la plancha o al vapor y evita los fritos y las salsas. No condimentes la comida muy fuerte: utiliza aceite de oliva, limón y sal yodada sin abusar.

4. Nunca te olvides de desayunar ni te saltes ninguna comida.

5. Bebe agua antes de tener sed y evita el alcohol y el tabaco.

6. Limpia las frutas y verduras con unas gotitas de lejía en abundante agua.

7. Olvídate de los dulces, de las bebidas carbonatadas y de las exictantes, como el café o té.

8. Toma la carne muy hecha y evita los embutidos crudos.

9. Recuerda que es mejor la calidad que la cantidad: no debes comer por dos, sino para el bien de los dos.

Dieta tipo

DESAYUNO		50 g de cereales
		250 cc de leche
	A elegir entre	1 pieza de fruta ó 1 zumo natural
ALMUERZO	A elegir entre:	1 bocadillo de 60 g de pan integral con
		160 g de jamón cocido
		2 piezas de fruta
COMIDA	1er plato a elegir entre	70 g de pasta o arroz
		260 g de verduras
		60 g de legumbres
	2º plato a elegir entre	160 g de carne o de pescado
		1-2 huevos y guarnición de ensalada
	Postre	2 piezas de fruta
MERIENDA	A elegir entre	1 yogur
		1 bocadillo pequeño de 60 g de pan con
		60/100 g de queso fresco
		2 piezas de fruta
CENA	1er plato a elegir entre	Sopa
		70 g de pasta
		260 g de verdura
	2º plato a elegir entre	200 g de pescado
		1 huevo
	Postre	2 piezas de fruta
ANTES DE ACOSTARSE		250 cc de leche templada
DURANTE TODO EL DÍA		2 l de agua

HÁBITOS PERJUDICIALES

TABACO

La mujer fumadora no siempre está en condiciones de dejar de fumar de un día para otro. La interrupción brusca puede provocar una alteración neuropsíquica de carencia que podría resultar todavía más dañina que el propio tabaco, sin embargo se debe intentar dejarlo poco a poco, reduciendo el número de pitillos a no más de cinco al día. Muchas mujeres embarazadas desarrollan un rechazo natural al tabaco.

El tabaco es más o menos perjudicial para el feto en función del número de cigarrillos que se fuma, mientras que para la embarazada el riesgo cardiovascular se presenta desde un par de cigarrillos al día.

Está demostrado que los hijos de madres fumadoras pesan menos y que la incidencia de partos prematuros aumenta. Recientemente se ha vinculado la muerte súbita con el hábito del tabaco.

ALCOHOL

Aunque no hay un consenso con respecto a las cantidades, ingerir alcohol durante el embarazo y la lactancia puede perjudicar seriamente al bebé, ya que el alcohol es absorbido rápidamente y pasa al bebé en casi la misma concentración que a la madre. Si la madre se emborracha , el niño también lo hará, pero las células de su cerebro y de su hígado son mucho más delicadas.

En el caso de mujeres alcohólicas se produce en el niño el denominado «síndrome alcohólico fetal» que le ocasiona malformaciones graves tanto físicas como psíquicas. Lo mejor es evitar el alcohol por completo.

La mejor cantidad de cigarrillos que puede fumar una embarazada es cero. Alcohol, ni una copa. La tolerancia cero a las drogas protege a la madre y al bebé.

FÁRMACOS

Los fármacos están contraindicados durante el embarazo, especialmente en el primer trimestre, ya que es en este período cuando se forman los principales órganos del feto. Si durante los tres primeros meses, cuando aún ignorabas tu estado, has tomado regularmente fármacos, te has vacunado o te hicieron radiografías en la zona de la pelvis es conveniente que se lo comuniques a tu médico durante la primera revisión obstétrica.

El padre juega un papel importante en el bienestar de la madre. Sus atenciones pueden atenuar las molestias causadas por el embarazo.

No obstante es el médico el que tiene la última palabra, ya que en ocasiones los riesgos derivados de la ingestión de fármacos son menores que los que se corren por causa de la enfermedad, como ocurre en madres diabéticas o en los casos de infecciones graves, en los que es mejor el antibiótico.

DROGAS

El uso de drogas durante el embarazo produce daños en el niño que serán más o menos graves según la sustancia que se tome y la frecuencia de su uso.

Drogas blandas: marihuana y hachís. Si se usan de forma habitual pueden producir depresión cardíaca en el niño y modificar su electroencefalograma.

Drogas duras: heroína, morfina y opio. Pueden provocar malformaciones y depresiones respiratorias en el niño, que se vuelve toxicómano y, al nacer, a menudo presenta el síndrome de abstinencia cuyos rasgos suelen ser: agitación motora, llanto constante, dificultad para alimentarse, trastornos gastrointestinales y convulsiones.

La metadona tiene efectos menores en el niño, pero análogos a los de las drogas duras.

MOLESTIAS NORMALES

ARDORES DE ESTÓMAGO

Este malestar suele acontecer al 5-10% de la mujeres embarazadas, sobre todo después de las comidas y en los primeros meses de embarazo. Su causa suele ser de naturaleza nerviosa, aunque también hay que tener en cuenta que, por motivos hormonales, la musculatura gastrointestinal sufre una mayor relajación, lo que favorece un cierto reflujo del contenido ácido del estómago que pasa al esófago y de ahí a la garganta. Al final del embarazo es posible sentir ardores por el poco espacio que deja el bebé al estómago de la madre.

Qué hacer

Tomar las comidas fraccionadas a lo largo del día. Evitar acostarse justo después de haber comido y cenar ligero. Evitar la ropa apretada en el abdomen.

También se puede pedir en el herbolario una infusión para combatir este malestar. El agua de melisa puede aliviar el ardor en caso de que la causa sea de origen nervioso.

CALAMBRES

Durante las últimas semanas de embarazo pueden producirse calambres en la parte posterior de los muslos y de las pantorrillas, principalmente por las noches. Las causas pueden ser variadas: cansancio, modificaciones circulatorias y a lo mejor carencia de calcio o de magnesio.

Qué hacer

Calentar y friccionar la parte afectada para reactivar la circulación. Si el calambre es en la pantorrilla, apoyar una mano debajo de los dedos del pie y tirar hacia arriba.

Procura no cansarte.

Si tienes trastornos circulatorios pasea diariamente, y no permanezcas sentada durante mucho tiempo seguido. Si por cuestiones de trabajo debes hacerlo, levántate de vez en cuando para estirar las piernas. Cuando te tumbes o te sientes mantén las piernas en alto. La gimnasia de preparación al parto mantendrá tus músculos más flexibles.

Si el problema viene por falta de calcio consulta a tu médico, que te dará un suplemento de calcio y magnesio. También puedes aumentar la dosis de calcio y magnesio en tu dieta.

SOMNOLENCIA Y CANSANCIO

Durante el embarazo todos los órganos se ven obligados a funcionar de una forma distinta a la habitual y deben adaptarse a su nueva función, lo que se traduce en un cansancio general del cuerpo y en somnolencia, sobre todo durante los tres primeros meses. Si por las noches no descansas lo necesario la somnolencia se acentuará.

Qué hacer

Lo único que se puede hacer es llevar una vida más relajada y tranquila. Esto no significa que no puedas hacer lo que hacías normalmente, simplemente bastará con que evites los esfuerzos excesivos, y que te permitas descansar cada vez que lo necesites.

CONTRACCIONES UTERINAS

Durante todas las fases del embarazo es frecuente sentir contracciones del útero. Notarás un peso en el bajo vientre y su endurecimiento y a veces un dolor entre el vientre y la espalda que no siempre es fácil de identificar.

A medida que se acerque el momento del parto puede que tengas contracciones en serie, incluso frecuentes, aunque indoloras: esto es normal y no debe preocuparte.

De todas formas es conveniente que lo consultes con el médico, sobre todo si las contracciones se producen en los tres primeros meses de embarazo.

Qué hacer

Si se producen después de hacer un gran esfuerzo o de dar una larga caminata son, sin duda, contracciones uterinas. En este caso bastará con descansar un rato para que el útero se relaje.

También es conveniente anotar cuántas se producen al día, saber describirlas y comentárselo al médico. Por supuesto, son contracciones distintas a las del parto.

DOLORES DE ESPALDA

Durante todo el embarazo se pueden sentir dolores más o menos intensos de espalda, pero en el último período el tamaño del abdomen obliga a la columna vertebral a un esfuerzo continuo y se busca, de forma natural, un equilibrio más cómodo desplazando el busto hacia atrás y llevando la pelvis hacia delante. Esta posición provoca la contracción de algunos músculos del abdomen y de la espalda que producen un dolor lumbar e incluso, en ocasiones, ciáticas.

¿Qué hacer?

Para prevenir estos dolores hay que buscar una posición correcta y mantener la espalda lo más recta posible. Debes escoger los respaldos rectos y cuando estés sentada puedes colocar un cojín detrás de los riñones de forma que la espalda quede bien apoyada. También puedes usar una faja; permite mantener la espalda más caliente y sujeta, pero sólo la debes usar en caso de lumbalgia, ciática o dolores reumáticos, ya que evita que trabajen los músculos implicados en sostener la matriz y los debilitan dificultando que, una vez hayas dado a luz, los músculos vuelvan a su sitio. *Aviso:* hay veces que se confunden las contracciones uterinas con dolor de espalda, éstas se producen en la parte baja de la espalda. Es importante que aprendas a diferenciarlas.

DOLORES DE HUESOS Y ARTICULACIONES

También el esqueleto tiene que adaptarse a tu nuevo estado. Todas las articulaciones y ligamentos se vuelven menos sólidos durante el embarazo, por lo que es más fácil que se doblen los tobillos y las rodillas.

En su parte delantera o anterior, las caderas se unen entre sí por la porción de ambas denominada pubis. Estas ramas pubianas contactan justo en el centro a la altura del monte de venus formando una articulación ligamentosa llamada sínfisis del pubis. Durante el embarazo, los ligamentos que forman esta articulación se relajan poco a poco con el fin de agrandar el diámetro interno de la pelvis y formar un adecuado y suficiente canal del parto. Esta dilatación provoca molestias o sensación de pesadez.

A medida que el embarazo avanza, también la caja torácica se dilata sometiendo a los cartílagos costales a un esfuerzo, lo que provoca punzadas intercostales que duran poco tiempo, también pueden bloquear la respiración durante un instante. Si te ocurre algo así no debes asustarte, es totalmente normal.

¿Qué hacer?

Es preferible usar zapatos bajos y cómodos, pero no planos, para evitar torceduras. Caminar por la playa es un excelente ejercicio para fortalecer músculos y articulaciones.

Qué hacer

ESTREÑIMIENTO

El estreñimiento es un trastorno bastante común entre las mujeres y en estado de gestación tiende a empeorarse.

El intestino se resiente de dos formas: el peso del útero lo comprime, a medida que avanza el embarazo esta presión intraabdominal va en aumento, así que durante el segundo trimestre el estreñimiento se hace más frecuente.

La progesterona hace que la musculatura de la pared intestinal se vuelva particularmente relajada y que se reduzca la movilidad intestinal.

La compresión del intestino añadido a la relajación muscular provoca que las heces permanezcan más tiempo en el intestino, donde se sigue absorbiendo el agua que contienen volviéndolas más consistentes y secas y, por lo tanto, más difíciles de evacuar.

El estreñimiento puede provocar: hinchazón de vientre, náuseas, dolor de cabeza, sensación de falta de aliento y dolores intestinales.

HEMORROIDES

Las hemorroides son pequeñas dilataciones de las venas anales. Durante el embarazo, es probable que aparezcan, y si ya se tienen, que empeoren, ya que la mayor vascularización de la matriz produce un aumento de la tensión sanguínea en la venas y, además, el probable estreñimiento obliga a hacer esfuerzos que acaban por debilitar las venas. Los esfuerzos que se hacen durante el parto son los principales causantes de la aparición de hemorroides.

No usar laxantes ni purgantes, ya que irritan el intestino y pueden alterar los mecanismos de absorción de determinadas sustancias importantísimas durante el embarazo.

Lo mejor es una dieta sana y equilibrada, además existen remedios eficaces y nada perjudiciales, pero no tienen un efecto inmediato, y habrá que usarlos regularmente:

• Aumentar en la dieta los alimentos blandos y ricos en fibra.

• Tomar una cucharadita de aceite antes de las comidas. Evitar el aceite de vaselina, ya que obstaculiza la absorción de sustancias como la vitamina A.

• Semillas de lino: ponerlas a remojo durante la noche y por la mañana beber el agua densa que ha dejado. Si quieres puedes comerte las semillas.

• La infusión de flores de saúco o zumo de saúco. Se encuentra en herbolarios.

• Las tisanas emolientes a base de pétalos de rosa, de raíces de altea, de malva o de grama. Puedes pedir que te hagan la mezcla en el herbolario.

• Tomar un vaso de sal de frutas en ayunas por las mañanas también es un remedio eficaz.

Qué hacer ¿

Para prevenir las hemorroides lo mejor es intentar solucionar el problema del estreñimiento. No comer comidas picantes. Para aliviar las molestias, lávate dos veces al día con un producto que se vende en farmacias especialmente indicado para hemorroides; después, con un suave masaje, aplícate unas gotas de aceite de oliva y por último presiona suavemente un cubito de hielo sobre la zona durante unos minutos. Mientras te duchas, es conveniente que trates de reducir la hemorroide introduciéndola con la mano enjabonada al interior, aunque notes que vuelve a salir de inmediato.

HINCHAZÓN DE TOBILLOS

Durante los últimos meses de embarazo, si pasas mucho tiempo de pie o hace mucho calor, es bastante probable que se te hinchen los tobillos. También se debe a la acumulación de líquidos tan corriente en el embarazo.

Sin embargo si también se te hinchan las manos, las piernas, el rostro y, en especial, los párpados deberías consultarlo con el médico, ya que puede deberse a problemas de hipertensión.

Qué hacer ¿

No te canses tanto, ni permanezcas mucho tiempo de pie, si tu trabajo te lo permite. No tomes diuréticos, ni dejes de beber líquidos.

Un masaje suave, siempre en dirección al corazón, aliviará las molestias. Nunca hay que masajear encima de las varices. Durante un día entero a la semana come los siguientes alimentos sin sal, combinados como quieras: espárragos naturales, puerros hervidos, cebolla y alcachofas, los puedes aliñar con hierbas aromáticas y perejil. De postre puedes tomar: piña natural sin quitarle el corazón, fresas, peras, manzanas verdes y té o café sin leche y con azúcar.

Todos ellos son alimentos antioxidantes.

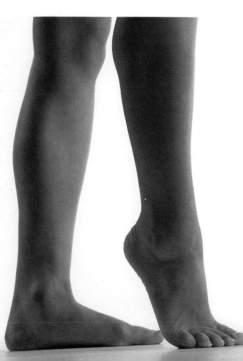

INSOMNIO

Durante el embarazo, sobre todo durante los últimos meses, es difícil conciliar el sueño, especialmente en verano cuando hace mucho calor. No se encuentra la postura, boca abajo es casi imposible, boca arriba, la presión del útero sobre el esófago y el aparato respiratorio puede resultar muy molesta. La mejor postura para dormir para una embarazada es de costado, con una pierna estirada y la otra cruzada por encima de ésta y apoyada en el colchón, resulta mucho más cómodo poner un cojín o una almohada entre las dos piernas.

Qué hacer

Cena algo ligero y fácil de digerir y preferentemente dos horas antes de irte a dormir. Antes de ir a la cama tómate una infusión o un vaso de leche.

Después de cenar relájate, no te pongas a trabajar, escucha un poco de música o lee.

Si no tienes problemas circulatorios o de tensión baja puedes darte un baño caliente hasta una semana antes de la fecha prevista para el parto; pasado este período puedes sustituirlo por una larga ducha caliente.

En la cama puedes poner en práctica las técnicas de relajación que se aprenden en los cursos de preparación al parto.

El poner las manos sobre el ombligo y concentrarte en la respiración también ayuda a conciliar el sueño.

Si a pesar de todo no puedes dormirte, no te quedes en la cama dando vueltas, lee o mira la televisión, no te irrites pensando en que no puedes dormir e intenta no despertar a tu compañero, ya que es mejor que uno de los dos esté descansado y de buen humor al día siguiente.

MIEDOS

Durante el embarazo aparecen nuevos miedos que antes no se tenían, como por ejemplo cruzar la calle. También se desarrollan miedos debidos a la nueva situación que se está viviendo, incluso para la mujer que ya ha tenido hijos antes cada embarazo es una nueva experiencia. Se puede tener un miedo intenso al parto o a que algo salga mal. Todo esto es normal y todas las embarazadas, en mayor o menor medida, tienen miedos, incluso las mujeres más fuertes tienden a ver las cosas con un enfoque mucho más emotivo y tumultuoso, con ansiedades y preocupaciones que, vistas desde fuera, pueden parecer exageradas.

El padre puede aportar seguridad a la mujer haciéndola ver que la encuentra tan atractiva como antes de quedarse embarazada.

Qué hacer ¿

En primer lugar no te avergüences de tus miedos, ni te sientas tonta o culpable por lo que sientes, los miedos forman parte del embarazo, al igual que las náuseas o el estreñimiento.

Habla de tus miedos cotidianos, (como el de cruzar la calle, de no sentirte deseada, o del miedo a la oscuridad) con tu pareja, tus familiares o amigos, sácalos a la luz, esto te dará una perspectiva diferente sobre ellos, y, además de conseguir que los demás te entiendan y mimen un poco más, seguramente te acabes riendo de todos tus temores infundados.

El mejor remedio para luchar contra el miedo al parto, o cualquier tema relacionado con el bebé, es que te informes. Lo más temido es siempre lo desconocido. Habla con tu médico para que te informe, lee libros sobre el parto sin dolor. También es importante que asistas a los cursos de preparación al parto: allí podrás compartir tus temores y ver que son normales.

Qué hacer¿

Estos trastornos afectan en mayor o menor medida a casi un 60% de las mujeres embarazadas, sobre todo en el primer trimestre de embarazo. El origen de estos trastornos se encuentra en los cambios hormonales que se producen en el organismo de la embarazada. Suelen aparecer al final de la quinta semana y, por lo general, desaparecen al final del tercer mes. También se puede notar una salivación muy abundante que a veces es molesta, y alteraciones en el gusto y el olfato.

En algunos casos puede ocurrir que los vómitos sean intensos e irrefrenables. En este caso se debe solicitar ayuda médica, ya que pueden provocar una pérdida de sales minerales y de peso.

Ya que las náuseas suelen ser más intensas por la mañana, viene bien comerse una galleta antes de levantarse de la cama, y si puedes desayunar en la cama, mejor. Conviene recordar que la bajada de azúcar o hipoglucemia es una causa frecuente de náuseas matutinas. Otros remedios son:

- Tomar un vaso de agua templada o zumo de limón con un poco de jengibre al levantarse por la mañana.

- No tomar comidas copiosas, pesadas y difíciles de digerir.

- Una infusión de hojas de frambuesa, manzanilla, hierbabuena, melisa y canela a partes iguales.

- Evitar los olores molestos, como el humo de cigarrillo, ambientes cargados, etc., que normalmente estimulan las náuseas.

- Convendría fraccionar las comidas en pequeños tentempiés no demasiado líquidos, de tal modo que no transcurra mucho tiempo entre una ingestión y otra, para que el estómago esté el menor tiempo posible vacío.

FLUJO VAGINAL

Durante el embarazo los vasos sanguíneos de la vagina y la vulva se dilatan, el flujo sanguíneo aumenta, las mucosas se ablandan, las glándulas trabajan más de lo normal y las paredes de la vagina exudan en abundancia. Todo ello provoca la formación de un fluido lechoso y mucho más abundante que de costumbre. Esta secreción tiene un alto grado de acidez que protege a la vagina de la mayoría de las infecciones. Al final del embarazo puede ser tan abundante que es posible confundirlo con la ruptura de aguas.

Si el flujo va acompañado de prurito y ardor y tiene mal olor puede tratarse de vaginitis: no es algo preocupante pero debes consultarlo con el médico para que lo pueda curar lo antes posible.

Qué hacer

Ya que el aumento de flujo vaginal es algo, no sólo normal, sino beneficioso, no se debe intentar remediar con lavados internos. Simplemente, para evitar irritaciones locales, es suficiente con que mantengas una buena higiene íntima que consiste en cambiarse de ropa interior diariamente y lavarse con agua tibia y jabón neutro siempre que vayas al baño.

Qué hacer

VARICES

Al igual que las hemorroides, las varices aparecen por los cambios hormonales que relajan las paredes venosas y dan una mayor cantidad de sangre en circulación que aumenta la tensión sanguínea en la venas, por lo que la sangre se estanca y aparecen las varices.

Si debajo de la piel se ven unas venitas delgadas y rojizas no hay que preocuparse, las varices se hinchan y se vuelven molestas o causan una sensación de pesadez cuando se permanece mucho tiempo de pie.

Las que deben vigilar más de cerca sus piernas son las mujeres obesas, las longilíneas, o las que tienen antecedentes familiares y, por supuesto, aquellas que ya sufren de varices.

Permanecer de pie y sin moverse es contraproducente, pero caminar es muy bueno. Deberías caminar una hora diaria, esta caminata debe hacerse a un ritmo regular y sosegado. Si vives cerca del mar sería perfecto que dieras el paseo descalza y por la orilla.

Cuando puedas, túmbate con las piernas elevadas, de tal modo que los talones estén a la altura del corazón. Cuando te sientes intenta apoyar los pies sobre otra silla.

Utiliza zapato cómodo, ancho y de tacón mediano.

Usa medias especiales que ejercen presión en las piernas y dan un leve masaje al caminar.

Haz ejercicios que favorezcan la circulación como nadar o gimnasia de piernas: tijeras, rotaciones de los pies y bicicleta con las piernas en alto. Duerme con una almohada bajo los pies.

Recuerda que el calor no beneficia a la circulación, así que nada de baños muy calientes, es mejor que te duches y aún mejor si consigues tener el valor, al final de la ducha, de pasar un chorro de agua fría por la piernas una docena de veces tanto por la parte exterior como por la interior y siempre de abajo arriba.

ANTOJOS

Los antojos implican un deseo irresistible e irrefrenable hacia un alimento determinado. Según las creencias antiguas, el no satisfacer un antojo puede conllevar que el niño salga con una mancha en la piel con la forma del antojo insatisfecho de la madre. Estas manchas son angiomas con los que nacen algunos niños y no está para nada probado que tenga que ver con los clásicos antojos.

Los antojos pueden ser provocados por varias causas. La primera se basa en los cambios hormonales que se producen en el embarazo, los cuales también producen las náuseas, vómitos y variaciones en el apetito. Esto último puede estar relacionado con los antojos, ya que implica un cambio de los gustos alimenticios haciendo así que ciertos alimentos anteriormente agradables, se vuelvan insoportables o todo lo contrario, alimentos que hasta entonces no gustaban, apetezcan.

La segunda puede deberse a carencias alimenticias. Si el antojo se prolonga durante mucho tiempo y está dirigido hacia el mismo alimento o sabor, puede ser una carencia del organismo. También puede tratarse del principio de un trastorno fisiológico, en este caso comenta con el médico la aparición de estos antojos recurrentes o fijos.

La tercera causa se puede deber a necesidades psicológicas. Debido al estado de inseguridad y especial fragilidad que generalmente el embarazo genera a la mujer, el antojo puede ser una manera en que ella pide atención y mimos,

Remedios caseros

En caso de estreñimiento:

Antes de ir a dormir, manzanas peladas e higos secos cocidos con agua y un poco de miel.

Dolor de garganta:

Calentar el zumo de un limón con un vaso de agua, al retirarlo del fuego añadir una buena cantidad de miel. Tomarlo caliente.

Dolor de espalda:

Un baño de agua caliente.

Dolor de muelas:

Mojar un trocito de algodón en coñac y meterlo por un orificio de la nariz. Inhalar durante unos minutos.

Gases:

Tomar cuatro veces al día una infusión de anís con hinojo.

Dolor de cabeza:

Un prolongado y suave masaje en la frente, el cuello y las cervicales.

y debería ser escuchado. En cualquiera de los tres casos es aconsejable satisfacer los antojos.

MANTENERSE EN FORMA

El ejercicio es una forma de evitar el cansancio, dormir mejor y llegar al parto en condiciones óptimas, tanto mental como físicamente.

Las mujeres embarazadas pueden practicar una gran cantidad de deportes suaves como el caminar unos 30 minutos al día, dar paseos en bicicleta, siempre que sea por senderos cómodos; la natación, que sin duda es un ejercicio idóneo, ya que además de ser suave contribuye a aliviar las molestias de la columna y las piernas y favorece la irrigación sanguínea y, por supuesto, la gimnasia específica para embarazadas como la que se imparte en los centros de preparación al parto.

Si eres deportista o practicas algún deporte habitualmente, durante el embarazo puedes seguir haciéndolo, a menos que sean deportes de riesgo como montar a caballo, esquiar, conducir una moto de agua, etc., donde puedas sufrir caídas fuertes, o, claro está, si has sufrido abortos con anterioridad o si el médico lo cree contraproducente.

Si no practicas deportes habitualmente lo mejor es que te ciñas a la natación, los paseos o a practicar suaves ejercicios de gimnasia.

El yoga es también un método muy bueno para mantenerse en forma, incluso si nunca has practicado el yoga con anterioridad

Además del yoga clásico, existen otras modalidades combinadas como el yoga-pilates especial para embarazadas, que ayudarán a las mamás a mantenerse flexibles y fuertes.

puedes empezar en este momento tan importante. Las asanas (posturas) ayudan a tu cuerpo a prepararse para el parto, a mantenerte en forma durante el embarazo, a evitar estrías, mejorar tu respiración y el consumo de oxígeno y a serenar la mente. La meditación que acompaña a las asanas te ayudará a mantener tu mente relajada, a transmitirle tranquilidad al bebé y a mitigar los pequeños temores que te puedan surgir. Además la postura que se adopta durante la meditación es muy beneficiosa para la espalda y la respiración y favorece la flexibilidad de la pelvis con vistas al momento del parto.

RELACIONES SEXUALES

Durante el embarazo las relaciones sexuales no sólo no están contraindicadas, sino que son beneficiosas. Una buena relación sexual en este período es primordial para la unión entre la pareja. Aunque se esté viviendo un momento de cambio, en el que el papel de madre y padre entren en escena, estos nuevos roles no deben suplantar al de amantes.

Es habitual que la vida sexual durante el embarazo se vea afectada por la preocupación de dañar al niño. En este sentido podéis estar tranquilos ya que el niño se encuentra perfectamente protegido: es más, la sensación de bienestar de la madre durante y después de una relación sexual le beneficia directamente. La interrupción de la vida sexual durante el embarazo sólo está indicada en caso de antecedentes de aborto. Durante el primer trimestre de gestación hay que acudir al médico en caso de hemorragias vaginales, dolores precoces de parto y rotura de bolsa amniótica, en estos casos es probable que recomiende la abstinencia.

Hay ocasiones en que el deseo sexual disminuye. Esto le suele ocurrir al hombre con mayor frecuencia que a la mujer, no tanto por los cambios físicos que se producen en ella sino por motivos psicológicos, que normalmente están vinculados a lo que se denomina lo socialmente correcto. Puede ver a su pareja exclusivamente como madre de sus hijos y desligarla del placer sexual. Es importante que los dos olviden estas limitaciones socioculturales, que entiendan que la relación sexual es un punto de unión e intimidad muy fuerte para la pareja. El sexo durante el embarazo puede mejorar en aspectos que a lo mejor antes ocupaban un segundo plano como es la ternura, aunque esto no quiere decir que durante el embarazo el sexo deba ser aburrido, ñoño o limitado: su

Un embarazo con relaciones sexuales plenas unirá aún más a la pareja y les preparará para mantener viva la llama de la pasión cuando llegue el bebé.

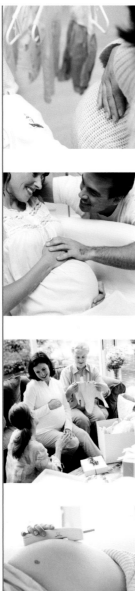

esencia está donde siempre ha estado; esto es, en la mente y la imaginación. Puede que las posturas habituales se vuelvan incómodas, sobre todo en el último trimestre de embarazo cuando el abdomen se encuentre muy abultado, pero esta situación sólo debe dar juego para que se prueben e investiguen nuevas posturas.

Por lo general, el momento más propicio para la vida sexual es durante el segundo trimestre. La mujer ha dejado atrás muchos síntomas molestos relacionados con el cambio hormonal y los miedos psicológicos de un principio, y se encuentra más activa y alegre. Hay mujeres que durante este período disfrutan más del sexo que cuando no estaban embarazadas. Esto puede deberse al aumento del flujo sanguíneo en el área pélvica y a una mayor cantidad de sustancias lubricantes de los genitales, también los aspectos psicológicos tienen un peso determinante en este aspecto.

El sexo es una maravillosa forma de jugar entre adultos, es el punto de unión e intimidad más fuerte entre una pareja. El mantenerlo vivo, divertido, amoroso, tierno y satisfactorio está en vuestras manos y en vuestra imaginación. No hagáis caso de la opinión de otros o de lo «socialmente aceptable»: vosotros creáis vuestra vida, hacedla con respecto a vuestros deseos y opiniones, pues vosotros sois los que la vais a vivir.

Todo a punto

DURANTE EL EMBARAZO ES IMPORTANTE QUE CUIDES TU ALIMENTACIÓN, TUS HÁBITOS Y TUS ACTIVIDADES PARA ESTAR SANA Y EN FORMA, AUNQUE TAMBIÉN ES IMPORTANTE QUE CUIDES TU ASPECTO EXTERNO: QUIZÁ NO SEA ESENCIAL PARA LA SALUD DEL BEBÉ, PERO SÍ LO ES PARA TU ESTADO DE ÁNIMO, TU PIEL Y TU CUERPO.

Durante estos nueve meses no debes abandonar tu coquetería femenina. El hecho de que estés embarazada no significa que no puedas estar guapa y atractiva, todo lo contrario, es el momento más propicio para arreglarte y cuidarte externamente al igual que lo haces internamente.

EL CUERPO

En este momento de tu vida el cuerpo sufre grandes cambios. Aparte del abdomen y el volumen en general, también surgen cambios en la respiración, la circulación, la disposición interna de todos los órganos, la actividad muscular e incluso la estructura ósea, y todos estos cambios internos provocan un cambio externo. El pelo, las uñas, la piel o el rostro cambian con respecto al estado habitual. También la forma de andar y de moverse se modifican. Tenemos que tener en cuenta que el cuerpo está perfectamente preparado para asimilar tales cambios, simplemente hay que adaptarse a ellos y continuar cuidando el aspecto físico igual, o incluso más que antes para no encon-

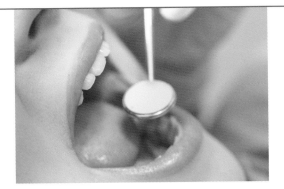

No es cierto el viejo dicho «cada embarazo un diente»: si cuidas tu boca, vas al dentista y te cepillas después de las comidas, no tiene por qué ocurrir.

trarse después del parto con un cuerpo descuidado y abandonado.

COSAS QUE CAMBIAN

- *La caja torácica:* se ensancha en el curso del primer embarazo debido al progresivo empuje del útero. Esto aumenta la actividad pulmonar.
- *Las caderas:* tienden a ensancharse a medida que el niño aumenta de peso. Después del parto quedarán algo más redondeadas.
- *La piel:* la piel tiende a estirarse y a ser más voluminosa.
- *El vello:* crecerá menos debido a las hormonas presentes en la sangre.
- *El cabello:* crecerá más fuerte y brillante, pero se caerá más de lo habitual.
- *Los ojos:* se vuelven más claros.

HIGIENE

LOS DIENTES

Durante el embarazo el esmalte de los dientes se vuelve más vulnerable a las caries. Se aconse-

ja que, además de lavarse los dientes después de cada comida, se realice un control odontológico, sobre todo aquellas mujeres que ya han tenido problemas con la dentadura. En este período es bastante común que durante el cepillado de dientes sangren las encías. Esto se debe al cambio hormonal, que provoca que las encías se hinchen y se vuelvan más gruesas.

LA DEPILACIÓN

El método de depilación más aconsejado durante el embarazo es el afeitado o la cera fría, ya que la caliente puede dañar los capilares y agravar los problemas de varices. Tampoco se recomiendan las cremas y aerosoles, ya que contienen sustancias tóxicas que pueden ser absorbidas por la piel.

EL CABELLO

Para el cabello se recomienda usar un champú de base vegetal, ya que el cuero cabelludo tiene una buena capacidad para absorber las sustancias con las que entra en contacto, por esto mismo también se desaconsejan los tintes de pelo, las permanentes, lacas y decoloraciones, ya que estos productos suelen poseer productos tóxicos. Tampoco es bueno permanecer demasiado tiempo debajo del secador porque las altas

Para la mujer embarazada es fundamental sentirse bien anímicamente en esta época de cambios. Por ello, lo mejor es sacar partido de la belleza de este momento: un cabello más brillante y una mirada radiante.

temperaturas podrían provocar problemas circulatorios.

BAÑO O DUCHA

El baño debe ser breve y no muy caliente, tampoco debe ser muy frío ya que su efecto excesivamente estimulante para el aparato circulatorio puede causar contracciones del útero. Durante el embarazo es más conveniente ducharse que bañarse, simplemente no olvides poner una alfombrilla antideslizante en el suelo de la bañera para evitar el peligro de caídas.

BAÑO TURCO/SAUNA

El exceso de calor no beneficia en absoluto a la circulación de la madre y tampoco es saludable para el niño: será mejor evitarlo.

LAVADOS VAGINALES

No hay problema, siempre que sean lavados externos y con un jabón de ph neutro. Los lavados vaginales internos sólo se deben realizar si los prescribe el médico.

DESODORANTE

Durante el embarazo aumenta el calor corporal y con él la sudoración, sobre todo en los últimos meses. Pero también la piel se vuelve más sensible, y más en zonas delicadas como pueden ser las axilas, así que debemos tener cuidado al elegir el desodorante. Este ha de ser eficaz pero también debe respetar la epidermis.

EL BUSTO

Durante el embarazo el pecho es quizá la zona del cuerpo que más atención precisa, ya que este período supone grandes cambios para él. Para evitar molestias y el dolor derivado del au-

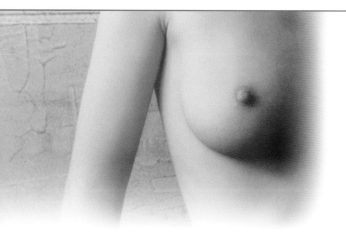

alimentación, el tipo de piel y el estado general de salud también son factores que lo potencian, sí que es verdad que, durante el embarazo, la piel joven no precisa tantos cuidados como la piel madura. La cantidad de colágeno, la proteína encargada de hidratar y mantener la piel turgente, disminuye con la edad. Por lo tanto el cuidado de la piel irá en función de la edad y del tipo de piel que se tenga.

Es importante mantener la piel hidratada. Durante el embarazo las hormonas provocan la deshidratación, lo que se traduce en sequedad y escamación de la piel, facilitando la formación de arrugas y estrías. La piel nutrida e hidratada se mantiene elástica y previene la aparición de estrías y arrugas.

ERUPCIONES EN LA PIEL

Debido al sudor, es posible que te aparezca una erupción en los pliegues de la piel, en las ingles o debajo de los senos, si estos son muy pesados; mantén estas zonas en perfecto estado de hi-

mento de peso, será conveniente acostumbrarse a llevar un sujetador que sostenga pero no comprima el pecho porque puede volverse flácido. El sujetador debe ser de un material natural que deje transpirar la piel.

Para facilitar la circulación de la sangre, reforzar la glándulas mamarias y mantener el tono, además de frotar con la esponja y agua fría, se puede friccionar el pecho con delicadeza, desde fuera hacia el pezón con aceite de caléndula, de aguacate o germen de trigo. Para prevenir la flacidez y las estrías, tanto en el pecho como en la barriga, se debe aplicar una leche nutritiva especial dos veces al día mediante suaves masajes.

LA PIEL

Aunque la edad no es lo único que determina el envejecimiento de la piel, ya que los hábitos, la

Para prevenir la aparición de estrías es necesario aplicar una crema específica desde el momento en que se conozca el embarazo hasta tres meses después del parto.

Los pies sufren el aumento de peso y la retención de líquidos. Para aliviarlos puedes tomar baños de agua templada con sal, secarlos y masajearlos con crema.

giene y utiliza alguna loción calmante, como la calamina.

PIGMENTACIÓN DE LA PIEL Y ESTRÍAS

El cloasma, o pigmentación que aparece en la cara, así como en la línea del abdomen y en la aureola del pezón, se deben a un aumento de secreción de la hormona estimulante de los melanocitos. Para prevenir este problema conviene que no te expongas al sol y que utilices protectores solares. También se suele utilizar ácido fólico.

Las estrías dependen sobre todo del tipo de piel que tengas. De todos modos, conviene que te cuides y procures no aumentar bruscamente de peso. Las cremas y ungüentos estimulan la circulación de la sangre y nutren mejor la piel. Recientemente se ha observado que la aplicación de aceite de rosa mosqueta es capaz de prevenir este problema.

LOS PIES

El aumento de peso durante el embarazo afecta directamente a los pies. Lo normal es que du-

rante la gestación no nos valgan los zapatos habituales y debamos recurrir a uno o dos números más del normalmente utilizado. El uso del calzado adecuado es fundamental para prevenir las molestias, este sería un zapato con suela flexible, horma ancha y tacón bajo y ancho. Un tacón demasiado alto, además de ser poco estable, provoca que los dedos se apiñen y se deformen. Hay mujeres que durante el embarazo retienen una gran cantidad de líquidos, sobre todo a partir del quinto mes, esto ocasiona que los pies y las piernas se hinchen. Para mejorar estas molestias lo mejor es caminar todos los días, poner los pies en alto siempre que sea posible, y sumergirlos en agua con sal. En el mercado existen geles y cremas descongestionantes para aplicar en pies y piernas. Sus principios activos alivian la hinchazón y la pesadez que conlleva la retención de líquidos y el aumento de peso.

VAMOS DE COMPRAS PARA TI

No es momento para intentar ocultar el volumen de tus medidas. Durante el embarazo puedes, y debes, presumir de barriga. No se trata de ocultar, sino de mostrar el estado de gracia. Hoy en día una embarazada puede permitirse vestir como más le guste, el mercado ofrece una gran variedad de prendas: faldas, pantalones de todo tipo y estilo, monos, petos. Lo importante es no ponerse cosas apretadas que dificulten los movimientos y la comodidad. Si te pones cosas elásticas asegúrate de que no te aprieten ni un poquito, sobre todo los pantalones. Hay pantalones regulables especiales para embarazadas que son muy prácticos, ya que se adaptan a medida que el abdomen va creciendo.

El calzado es importante tenerlo en cuenta, será mejor prescindir de tacones altos y finos, lo más adecuado será optar por un zapato cómodo y seguro, que deje transpirar el pie.

También es mejor que la ropa sea de tejidos naturales que dejen transpirar la piel, no hay que olvidar que durante el embarazo se suda más, y la piel se vuelve más sensible y vulnerable.

La ropa interior y la lencería debe ser especial para embarazadas, ya que es importante que no opriman ni el pecho ni el abdomen. Puedes comprarte nueva lencería sugerente de acuerdo a tus más voluptuosas medidas de pecho y lucir escote. Quizá la prenda a la que se le deba prestar más atención a la hora de elegirla sea el sujetador. Incluso si no estás habituada a usarlo es conveniente que durante el embarazo te acostumbres a utilizarlo, éste ayuda a que después no te quede el pecho flácido y caído. Insistimos: el sujetador debe sujetar pero no oprimir el pecho.

Para evitar prisas de última hora hay que comprar lo necesario para el bebé y dejarlo todo preparado en el último trimestre del embarazo.

DE COMPRAS PARA EL BEBÉ

Para dormir

El capacho

Durante la primera época del bebé, la cuna más idónea es el capacho o moisés, que es más manejable. El colchón debe ser duro, liso, de goma espuma y debe estar recubierto por una funda impermeable.

Ropa de cuna

- Empapador: recubre el colchón. Absorbe el pis y la humedad del niño. Preferiblemente debe ser de algodón.
- Sábana bajera ajustable: se pone encima del empapador. Preferiblemente de un tejido natural y suave, y que se ajuste a las medidas del colchón.
- Sábana encimera: preferiblemente también de un tejido natural y suave, y que se ajuste a las medidas del colchón.
- Manta: como en los anteriores casos, el tejido será natural y el tamaño será el del colchón.
- Almohada: durante los primeros meses es mejor prescindir de la almohada, por razones de seguridad y también porque es lo más saludable para la columna vertebral. En vez de la almohada se puede poner un pañal de tela de algodón para que absorba las babas o las pequeñas regurgitaciones del niño, además mantendrá la sábana bajera limpia.

La cuna

Cuando el bebé cumpla tres o cuatro meses es hora de trasladarlo a una cuna. Además de las clásicas cunas de barrotes, existen en el mercado unas cunas de lona que se montan y desmontan fácilmente. Son mucho más prácticas, ya que si el bebé se queda en casa de los abuelos una noche, o si os vais de viaje, puede dormir en su cuna y no la extrañará. Además, al ser de lona no hay peligro de que se dé golpes, como ocurre en las de barrotes, en las que hay que usar protectores.

La ropa de cuna, al igual que la del capacho, debe ser de las mismas medidas que la cuna. Cuanto más tiempo duerma sin almohada tanto más se beneficiará la columna vertebral del niño.

El cochecito de paseo

Se viste con la misma ropa que el capacho.

Interfono

Muy útil para poder oír al bebé mientras duerme, desde cualquier lado de la casa.

PARA EL BAÑO

Una bañera

En el mercado existen varios tipos de bañeras; las hay de plástico duro que se meten dentro de la bañera de casa, pero este tipo de bañera es muy incómoda para la madre, que tiene que arrodillarse en el suelo y seguramente acabe con dolor de espalda. Las más típicas son las de plástico blando, que quedan a la altura perfecta del adulto y también sirven como cambiador.

Existen muchos modelos de interfonos en el mercado: los hay sólo para escuchar al bebé y otros más avanzados que además muestran su imagen.

Neceser

• Toallas: tres, y no excesivamente grandes.

• Termómetro de baño: no es imprescindible, pues metiendo el codo dentro del agua y comprobando que está templada es suficiente.

• Esponja: las mejores son las naturales.

• Cepillo: suave.

• Productos de baño: jabón líquido, leche balsámica, crema balsámica, aceite protector.

• Toallitas húmedas: muy útiles para cada cambio de pañal.

• Tijeras: de punta redonda.

PARA COMER

Sin duda la mejor alimentación para tu hijo es la que tu pecho le proporciona, aunque en todo caso necesitará un biberón pequeño para darle agua.

En caso de que le alimentes con leche artificial necesitarás cuatro o más biberones y además tetinas de recambio, cepillo para limpiar los biberones y un recipiente de esterilización: los hay de calor y de frío. Aunque también se pueden hervir en una olla.

El ajuar

- Seis camisitas de batista.
- Cuatro camisetas de algodón.
- Cuatro pañales de tela o braguitas para encima del pañal de plástico (ayudan a mantener la camiseta en su sitio).
- Seis jerseys (perlé o lana).
- Cuatro faldones o polainas.
- Dos peleles.
- Seis patucos o calcetines.
- Cuatro pijamas.
- Seis baberos.
- Dos toquillas.

En invierno:

- Un saco.
- Seis polainas o leotardos.
- Un mono guateado con capucha para salir.

En cuanto a los chupetes, lo mejor será tener dos o más y usarlos de forma alterna, para que mantengan la misma consistencia y forma.

Para la colada

Jabón líquido: el jabón no debe contener ácidos, ni dejar residuos y debe mantener la ropa suave. Hay jabones especiales para la ropa de bebé que no alteran su calidad.

Es aconsejable lavar la ropa del bebé separada de la de los adultos. No usar lejías, suavizantes, blanqueadores, ni detergentes que contengan productos químicos.

Las prendas de velcro hay que lavarlas con éste cerrado para evitar que se deforme.

PARA EL HOSPITAL

Es conveniente que la maleta para el hospital o la clínica la prepares con bastante tiempo de antelación, aproximadamente en el séptimo mes de embarazo, en previsión a un parto prematuro. De esta forma tendrás tiempo de reunir todo lo necesario.

Para ti

- La cartilla clínica.
- El carnet de identidad, libro de familia y documentos personales.
- Un volante de asistencia de tu médico.
- Tres camisones cómodos, que se abrochen por delante para poder darle el pecho.
- Dos sujetadores para lactancia.
- Discos protectores desechables.
- Una faja posparto, si es recomendada por el tocólogo.

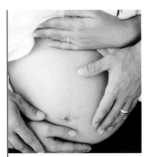

• Compresas higiénicas consistentes y suaves (en las clínicas suelen dar unas muy ásperas).

• Bragas: seis de algodón, o bien doce desechables.

• Una bolsa para la ropa sucia.

• Una bata.

• Unas zapatillas.

• Dos toallas.

• Neceser con cosas de aseo.

En el último momento podrás añadir otras cosas como:

• Un libro.

• El cepillo y la pasta de dientes.

• El maquillaje.

También es recomendable que el padre o la persona que vaya a acompañar a la madre durante la dilatación y el parto, lleve un cacao para hidratar los labios, ya que se resecan mucho con los esfuerzos de la respiración, y un abanico para aliviar el calor de la mujer.

Para el bebé

Lo que incluyas en la maleta para el bebé dependerá de si vas a una clínica privada o a un hospital público, ya que en estos no te suelen dejar vestir al bebé con ropa propia. Será mejor que te informes de lo que podrás y no podrás ponerle.

En caso de que puedas ponerle ropa propia:

• Dos pares de patucos o calcetines.

• Dos camisitas de batista.

• Tres camisetas de algodón.

• Dos pijamas.

• Dos chupetes.

Si la clínica permite el *rooming-in*:

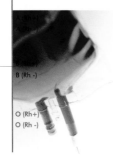

• Dos toallas suaves.

• Neceser con todo lo necesario para el bebé. Aunque ahora es práctica habitual que en el hospital te regalen un neceser con todo lo necesario para la higiene del bebé en muestras de publicidad.

El parto

Antiguamente el parto era un acontecimiento cotidiano entre las mujeres y se desarrollaba en un ambiente familiar. Se daba a luz en casa, asistida por una comadrona y las mujeres de la familia. Era algo natural que se afrontaba con conocimiento y experiencia pasada de generación en generación.

En el siglo XVI el cirujano Guiliemeau inventó la «cama de parto» para facilitar la postura de la mujer en los partos complicados. A finales del siglo XVII se impuso la postura supina (tumbada), y, para poder garantizar una mejor asistencia médica tanto a la parturienta como al recién nacido, a principios del XIX la posición horizontal reemplazó totalmente a la vertical y el medio hospitalario al familiar. Lo que debería emplearse en casos complicados aislados se impuso como modo habitual de parir.

Cuando el parto se convirtió en un asunto facultativo, la mujer se distanció de sus fases naturales, y el parto se empezó a ver más como una enfermedad que como un acontecimiento natural en la vida. Esto contribuyó a que la mujer desarrollase un miedo tremendo a los dolores del parto. El temor, la tensión y el desconcierto sumados a la postura supina, que en absoluto ayuda a la parturienta, sino al médico, aumentaron el dolor y la tensión del parto en la mujer.

A principios del siglo XX, un obstetra inglés, Grantly Dick, se percató de que, en los hospitales, las mujeres parían mal debido a la tensión, la soledad y el temor con que se enfrentaban al parto. A partir de estas observaciones empezó a trabajar con la situación psicológica de la mujer y advirtió de que los dolores y el temor de la parturienta disminuían si la mujer estaba informada sobre el parto y de cómo podía colaborar de forma activa en el nacimiento. De esta forma nacieron las diferentes técnicas de la preparación al parto que generalmente se basan en:

- Proporcionar a la gestante la información necesaria sobre el embarazo, el parto y el recién nacido para que pueda vivir de forma consciente y activa ese momento tan especial.
- Vencer la ansiedad y el temor al parto transmitido socialmente.

- Reducir el dolor al mínimo gracias a las técnicas de respiración y relajación.
- Ofrecer la posibilidad de encontrarse con mujeres en su misma situación.
- Incluir al padre en la vivencia del parto, además de informarle a él, proporciona un apoyo importante para la mujer, ya que está demostrado que en su compañía el parto es mejor y más corto.
- Si el curso lo organiza el hospital o clínica donde se va a dar a luz, da a la mujer la posibilidad de conocer y familiarizarse con los ambientes donde va a estar internada.

Método Read

Read proponía un parto lo más natural posible. La mujer no debería ser anestesiada, sino educada para relajarse, para controlar sus músculos y respirar correctamente.

Método Read

Este método se inicia hacia el séptimo mes de embarazo, en un ambiente colectivo de unas 10 ó 15 mujeres con encuentros semanales. Consta de una parte teórica que trata sobre el embarazo y el parto, y una parte práctica que comprende la gimnasia prenatal, las técnicas de relajación y los ejercicios de respiración. Hace especial hincapié en los ejercicios de respiración para poder mitigar el dolor.

Ventajas: es el método que más se basa en un esfuerzo físico en lugar de uno psicológico.

Al estar concentrada en la respiración y la relajación a voluntad, también la fase de dilatación es vivida con una participación activa de la mujer que favorece el autocontrol y disminuye la percepción del dolor.

Inconvenientes: la respiración jadeante requiere un notable esfuerzo que necesita mucha energía, por lo que no todas las mujeres logran practicarla hasta el final.

A la larga puede provocar un aumento de la cantidad de oxígeno en la sangre que puede desembocar en una sensación de aturdimiento y, en casos extremos, náuseas.

Es difícil combinar el dolor de la contracción uterina con la respiración y la relajación del cuerpo.

OTROS MÉTODOS MENOS CONVENCIONALES

Es mejor que te informes de las garantías que puedan ofrecerte profesionalmente. Son:

- La preparación en el agua.
- La hipnosis.
- El shiatsu.
- El yoga.
- La danza del vientre.
- Danza sagrada.
- Expansión de los sentidos.

PRIMEROS SÍNTOMAS

Nadie puede prever el momento exacto del parto. Cada niño decide en qué momento nacer, de qué manera y dónde, y de hecho, así es

La eutonia

La eutonia es un método desarrollado en Dinamarca, que pone a la mujer en contacto con su cuerpo y sus sensaciones. Este método enseña a que la mujer escuche y sepa interpretar los mensajes que su cuerpo le envía. La eutonia no enseña métodos de relajación o respiración, lo que se pretende con esta técnica es que la mujer aprenda a conocerse y le resulte natural empujar en el momento adecuado y aceptar el dolor como una señal natural del cuerpo. Este método es a menudo utilizado en combinación con otros métodos.

Ventajas: el conocimiento general del cuerpo y su lenguaje es transferible y útil al ámbito cotidiano después del parto.

El RAT

(El adiestramiento autógeno respiratorio)
Este método desarrollado por Humberto
Piscicelli y basado en el adiestramiento
autógeno de Schulz, enseña técnicas de
autosugestión y respiración. Según Piscicelli el método RAT ofrece a la vieja fór-
mula de Read de miedo-tensión-dolor una
perspectiva terapéutica real.

Los cursos de preparación comienzan en
el séptimo mes de embarazo. Los grupos
son numerosos (varias decenas de mujeres), y son semanales. En la parte teórica
se informa sobre las diferentes fases del
nacimiento para disminuir la ansiedad y
hacer a la parturienta más consciente de
los procesos que se suceden, de acuerdo a
la teoría de Read. En la parte práctica se
enseñan técnicas de relajación, de respiración y de control muscular que han de ponerse en práctica en las últimas fases del
parto. Da mucha más importancia a la
parte psicológica de la embarazada que el
de Lamaze. Durante la relajación se intenta evocar recuerdos, sensaciones, ansiedades y temores que después se analizan en conjunto.

Ventajas: si se aplica correctamente, se
puede reducir el dolor y los tiempos del
trabajo del parto, se garantiza la oxigena-
ción de mamá y bebé y sirve en la vida
cotidiana después.

Inconvenientes: necesita mucha dedica-
ción y disciplina.

como debe ser. El último trimestre, sobre todo
el último mes, se puede hacer eterno, y parece
que el tiempo no pasa. Ten paciencia, ahora estás en la recta final, y tu hijo necesita esos últimos «retoques». Por muy desesperada que estés por dar a luz, y terminar ya con el embarazo,
no seas impaciente. La inducción del parto no
es un capricho ni materno ni facultativo, sino
que responde a una necesidad para preservar la
salud de la madre y del hijo acorde con la evidencia y el conocimiento médico. A menos que
haya un probado y contrastado sufrimiento fetal, el embarazo debería llegar a término.

Falsas Alarmas

Al final del último mes de embarazo las denomi-
nadas contracciones de Braxton-Hicks pueden
parecerse cada vez más a los dolores menstruales y se harán también más frecuentes. Es fácil
que una primeriza las confunda con las contracciones del parto, aunque una mujer que ya ha tenido hijos sabe que las reales son inconfundibles.
Sería conveniente que aprendieras a diferenciarlas para evitar viajes al hospital en vano.

Las falsas contracciones aparecen a inter-
valos irregulares, el dolor también varía, unas son

como un dolor de menstruación y otras como un apretón fuerte en la tripa, y acaban cesando. A menudo se producen en un momento de especial cansancio físico. En cambio las contracciones del parto no remiten, y el tiempo entre unas y otras se va acortando. El dolor se centra en la parte lumbar o en el bajo vientre.

A estas alturas del embarazo lo normal es que tengas unas ganas tremendas de que este llegue a su fin, los últimos tres meses son los más pesados, puede que cuando sientas las falsas contracciones te sientas defraudada al comprender que no son las definitivas. Debes tener en cuenta que ellas cumplen con su función, y piensa que si están ahí es una señal de que el parto está muy cerca, no les des más importancia de la que tienen.

Las falsas contracciones también pueden ser causadas por un esfuerzo físico excesivo, en tal caso túmbate y descansa el tiempo que sientas necesario. Por el contrario, si las contracciones se producen por la falta de ejercicio físico, en este caso te vendría bien dar un paseo, o hacer algo de gimnasia.

Se acerca el momento del parto

Unas semanas antes del parto notarás que el vientre está más bajo, esto se debe a que el bebé se ha encajado en la pelvis. Esto por un lado te permitirá respirar mejor, pero por otro tendrás una necesidad más frecuente de orinar. Sin embargo, si este no es tu primer hijo, el bebé se fijará en la pelvis en el mismo momento del parto.

A partir del séptimo mes de embarazo puedes empezar a sentir que tu tripa se endurece durante unos veinte segundos, sin dolor o regularidad alguna.

Fase de latencia o preparto

Tus primeras contracciones dolorosas y regulares, que al comienzo son de una cada media hora más o menos, avisan de la inminencia del parto. También el desprendimiento del tapón mucoso, o la ruptura de la bolsa de agua son signos de que el parto es inminente.

INGRESO EN LA CLÍNICA

Cuando empieces con las contracciones de dilatación, no debes ponerte nerviosa ni impacientarte por llegar a la clínica, sobre todo en el caso de que seas primeriza, ya que lo

Cuando sientas que las contracciones son rítmicas y se van acercando, avisa a la persona que vaya a acompañarte de que el parto es inminente para ir al hospital y comenzar con los trámites de ingreso.

normal es que tengas que esperar varias horas hasta que empiece el parto. Tómatelo con calma y vete tranquilamente al hospital. Si vives muy lejos de la clínica y temes no llegar a tiempo sí deberías salir antes. También en el caso de que hayas roto aguas y estas sean de color oscuro deberías ir cuanto antes al hospital, ya que el líquido amniótico que no es transparente anuncia el sufrimiento del feto, o si rompes aguas y pasan horas hasta que empiecen las contracciones, ya que el niño en ese momento está desprotegido. Si pasan más de 12 horas desde que has roto aguas y el parto no ha comenzado, este será inducido.

En caso de que el proceso se desarrolle con normalidad, convendrá acudir a la clínica cuando la mujer y su entorno intuyan que el parto ha comenzado, aunque eso implique que en ocasiones el viaje sea en balde. No olvidemos que casi nunca se está totalmente seguro de si se ha iniciado o no el parto, puesto que los

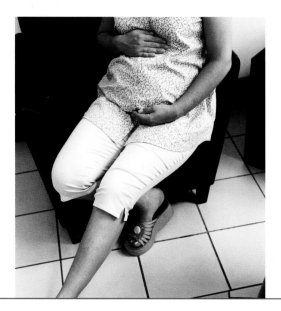

pródomos son diferentes en cada mujer y en cada circustancia. En general la mujer tiene programado un plan por su tocólogo que incluye registros de actividad uterina en las últimas semanas de la gestación y que orientan hacia la fecha de parto. Es mejor tener que regresar a casa desde la clínica y seguir esperando, que arriesgarse a tener el bebé en un taxi, ya que por muy curioso que quede en la televisión, no hay que olvidar que un pequeño porcentaje de todos los nacimientos requieren una ayuda médica avanzada inesperada.

En cualquier caso, ante la llegada inminente del parto, es normal que te sientas ansiosa y nerviosa, pero no debes olvidar que el dar a luz es algo totalmente natural, que tu cuerpo está perfectamente capacitado para ello. Es el momento de recordar lo que has aprendido en los cursos de preparación al parto y ponerlo en práctica.

Antes de irte puedes hacer algunas cosas para mantenerte ocupada:

Revisar la maleta que llevarás a la clínica, que ya habrás preparado con antelación, y añadir cosas de última hora como el cepillo de dientes, maquillaje, un libro, etc.

Es importante mantener la calma cuando llegue el momento del parto. Pensar que es un proceso natural y concentrarse en la respiración ayuda mucho, pero además está demostrado que el papel activo del acompañante es fundamental para animar y dar confianza a la mujer.

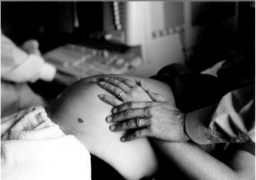

Avisar a tu marido o a la persona que hayas decidido que te acompañe a la clínica.

En caso de que hayas acordado con el médico que le llamarías cuando empezasen los dolores, hazlo, aunque en la mayoría de los casos los médicos suelen dar una hoja con una serie de datos y el número de teléfono para entregar en el hospital o clínica; en este caso el centro médico lo hará. En los hospitales públicos no hay un médico asignado a cada mujer y te atenderá el que esté de guardia ese día.

Si estás esperando en casa y crees que aún no ha llegado el momento del parto, no es necesario ni recomendable que te acuestes, es preferible que leas o escuches música. Si estás acompañada puedes charlar e incluso le puedes pedir que te dé un masaje en la espalda, lo cual agradecerás. Así pasarás el primer tramo de la dilatación sin notarlo.

Lo mejor es estar en ayunas porque si no podrías tener vómitos durante el parto, si te apetece tomar algo puedes hacerte un té caliente con mucha azúcar o chupar un terrón de azúcar.

Si todavía no has roto aguas cuando vayas a salir para el hospital, es conveniente que te pongas una compresa y te lleves una toalla por si lo haces en el coche.

Si llega el momento de ir al hospital y estás sola, no dudes en llamar a un taxi o a una ambulancia.

Es conveniente, para evitar olvidos y despistes, que tengas hecha una lista de antemano y bien a la vista, con todas las instrucciones prácticas de última hora antes de irte a la clínica, como por ejemplo: lo que debes meter en el bolso, los números de teléfonos que puedes necesitar, el del taxi, del médico, de la ambulancia, el de la canguro para tus otros hijos, etc.

El ingreso

En cuanto llegues a la maternidad pasarás una consulta en la que te realizarán las siguientes pruebas:

• Revisión ginecológica: la revisión consiste en un tacto vaginal que determinará en qué punto de la dilatación se encuentra el cuello del útero y a qué altura se sitúa el feto en el canal del parto.

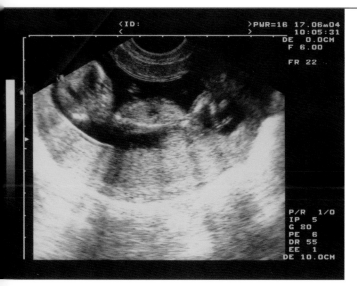

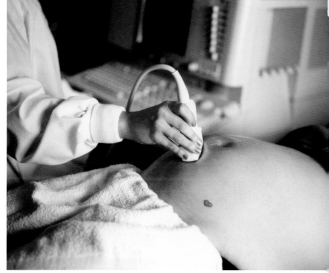

• Una amnioscopia: esta prueba se realiza a la vez que el tacto vaginal. Es una prueba que sirve para comprobar el grado de bienestar del bebé obsevando el color del líquido amniótico. Consiste en la introducción de un tubo hueco que llega hasta la bolsa del líquido amniótico, después se coloca una luz, lo que permite observar el color del líquido.

• Una historia obstétrica: recogerán tus datos. Si ya hay un historial tuyo, añadirán los datos actuales, te tomarán una muestra de sangre, medirán la tensión, el peso, la talla, la temperatura corporal y otros datos que el tocólogo considere de interés.

• Una ecografía: en muchas maternidades se realiza una ecografía para comprobar la posición del bebé, su tamaño y la cantidad de líquido amniótico.

• Un registro cardiotocográfico: esta prueba dura aproximadamente 30 minutos y permite valorar el estado del feto y la actividad uterina.

• Hoja de aceptación: te harán firmar una hoja de aceptación y se te asignará un número. Este número se fija junto con tu nombre a una pulserita de plástico. Al niño le pondrán otra pulsera con los mismos datos una vez que nazca.

Si efectivamente después de estas pruebas comprueban que el parto ha comenzado pueden ocurrir dos cosas:

• Si aún no estás lo bastante dilatada te enviarán a una habitación de la planta de obstetricia en la que esperarás junto a tu pareja, o la persona que tú elijas hasta que la dilatación esté más avanzada.

• Si ya has dilatado lo suficiente te conducirán a una sala dentro del paritorio.

FASES DEL PARTO

El parto se desarrolla en cuatro fases: el período prodrómico, la dilatación, la expulsión y el alumbramiento. La dilatación consta de dos fases: la fase de latencia o preparto y la fase activa.

Una ecografía es la prueba definitiva para comprobar que el bebé se ha encajado correctamente en el canal del parto y saber si necesitará la ayuda complementaria de fórceps o ventosa.

1. EL PERÍODO PRODRÓMICO

Por término medio esta fase tiene una duración de ocho horas en las primerizas y cinco horas en las multíparas. Es difícil establecer con exactitud su comienzo, ya que empieza antes de que la mujer sienta los dolores, y la percepción dolorosa de cada mujer es muy subjetiva. Uno de sus síntomas es la expulsión del «tapón mucoso», ésta no entraña ningún dolor, aunque puede no significar que el parto sea inminente, ya que se puede demorar unas horas o incluso unos días en comenzar después de la expulsión.

Este tapón se compone de una sustancia blancuzca, densa y gelatinosa que suele tener unos pequeños restos de sangre, y tiene la función de cerrar el cuello del útero y aislar la cavidad uterina del ambiente exterior.

Esta fase prepara el cuello del útero, que es el canal por donde primero debe pasar el niño. Las contracciones en este período se sienten en la parte inferior de la espalda (sacrolumbar). El cuello del útero debe desplazarse de la posición posterior que ocupa normalmente a una más adelantada, es decir, centrarse con respecto al canal del parto. En esta fase, y al mismo tiempo que el útero se centra, toma lugar el acortamiento (o aplanamiento) del canal del cuello —normalmente este mide 3-4 cm— que adelgaza gradualmente hasta llegar a tener un espesor de pocos milímetros.

2. PERÍODO DE DILATACIÓN

El período de dilatación normalmente comienza una vez que el período del acortamiento del cuello (prodrómico), haya concluido. Aunque estos dos fenómenos se desarrollan de diferente manera en las primíparas y en las multíparas:

PERÍODO DE DILATACIÓN

El cuello del útero se «borra» y se dilata poco a poco hasta alcanzar los 10 cm necesarios para que pase el bebé.

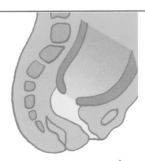
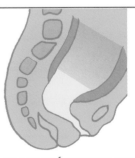

INICIO DE LA DILATACIÓN   DILATACIÓN COMPLETA

en las primerizas el período de dilatación comienza una vez que el cuello está casi completamente aplanado; en cambio, en las mujeres que ya han tenido hijos los dos períodos se producen casi simultáneamente. En este período es normal que se sientan náuseas y vómitos, esto se debe a los cambios hormonales y a la tensión emocional.

En el período de dilatación las contracciones se vuelven más frecuentes, cada dos o tres minutos, y prolongadas, de un minuto de duración. Durante el período de dilatación el cuello del útero pasa de ser un orificio prácticamente impenetrable, a convertirse en una abertura de 10 cm. Esta fase dura unas cinco horas en las primíparas, y entre dos y tres horas en las multíparas. Durante el período de dilatación las contracciones son más dolorosas y se expanden llegando a afectar a toda la pared interior del abdomen. En estos momentos debes recordar las técnicas de respiración y relajación aprendidas en los métodos de preparación al parto, y si entiendes lo que está pasando seguramente no te sobrecoja el nerviosismo.

Durante este período tienen lugar otros dos acontecimientos importantes: la rotura de la bolsa amniótica y el descenso de la cabeza del bebé por el canal del parto.

LA ROTURA DE LA BOLSA AMNIÓTICA

Él bebé

La rotura de membranas o el romper aguas, como popularmente se llama, se produce debido a las contracciones y a la remisión del cuello del útero. Normalmente la rotura de las membranas se produce cuando se ha completado la dilatación, aunque también pueden romperse varias horas antes del inicio de los dolores e incluso tardar tanto en hacerlo que es preciso provocar su ruptura artificialmente (amniorexis), pero ninguno de estos casos entraña peligro para el niño. El color del líquido amniótico debe ser transparente; si es de otro color puede constituir un signo de alarma: en este caso es preciso acudir inmediatamente al hospital.

La madre

Normalmente no hay duda alguna de cuándo se produce la ruptura de la bolsa amniótica, pues suele derramarse una gran cantidad de líquido tibio que puede llegar a ser de un litro. A veces sale en pequeñas cantidades, en este caso se

VISTA DEL CANAL DEL PARTO

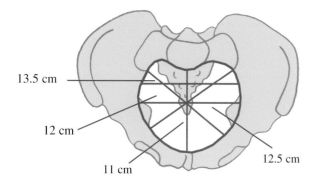

13.5 cm

12 cm

11 cm

12.5 cm

Para que la cabeza del bebé no encuentre ningún obstáculo, el canal del parto debería dilatarse del modo que se indica en el gráfico.

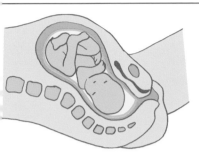 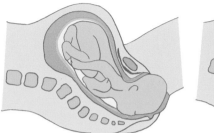 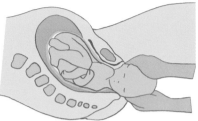

A pesar de su aparente fragilidad un bebé tiene que hacer un gran esfuerzo para nacer. Su cabeza tendrá que adaptarse al canal del parto y efectuar las posturas y giros convenientes para deslizarse al exterior.

puede confundir con las características pérdidas de orina que se producen al final del embarazo. Si esto ocurre y no estás segura, ponte una compresa y si, gradualmente, llega a empaparse, efectivamente has roto aguas.

LA PROGRESIÓN DEL BEBÉ POR EL CANAL DEL PARTO
Él bebé

Durante la fase activa, el bebé, sea cual sea su posición, se encaja del todo y desciende por la estructura ósea de la pelvis. En las primerizas el encajamiento de la cabeza se produce unos días antes del parto, sin embargo en las multíparas la cabeza puede aún no haberse encajado en las fases de contracciones avanzadas. Este hecho se debe a que las paredes son menos tónicas, y ejercen menos presión y empuje sobre el niño. Sin embargo esto no quiere decir que el parto no transcurra como es debido, las mujeres que ya han tenido hijos, por lo general, tendrán partos más cortos y fáciles que una primeriza.

La madre

Durante este período es conveniente adoptar la postura en la que te sientas más cómoda. Andar es muy beneficioso, ya que la fuerza de la gravedad ayuda al bebé a apoyarse en el cuello y esto a su vez contribuye a la dilatación, también hace que este período sea más llevadero. En muchos hospitales en esta fase te conectan a un cardiotocógrafo, un aparato que registra las señales del corazón del bebé y las contracciones del útero; en este caso no podrás andar, pero sí variar de postura en la cama.

Es el momento de recordar y aplicar todo lo que has aprendido en los cursillos de preparación al parto. Cuanto más relajada estés, más rápido se dilatará el útero, y los dolores serán menos intensos.

A partir de los 7-8 cm de dilatación las contracciones se hacen más intensas y más seguidas. En este punto puede que sientas que no te quedan fuerzas: es ahora cuando debes intentar mantener la calma y pensar que ya te queda muy poco y lo peor ya ha pasado. También puede que te ayude saber que el bebé, igual que tú, está pasando un momento duro y que tú eres la única que puede hacérselo más rápido y fácil, concéntrate en la respiración, e intenta mantenerte lo más relajada posible.

En algunos casos, cuando se ha completado la dilatación, hay mujeres que experimentan unas contracciones más suaves y distanciadas, las cuales les permiten descansar, este fenómeno se llama «fase latente».

Durante este período puedes estar acompañada de la persona que tú elijas, existe un decreto que establece el derecho de la mujer, siempre que las condiciones lo permitan, a estar acompañada en el parto.

EL PERÍODO DE EXPULSIÓN

Él bebé

Cuando la dilatación llega a los 10 cm, el canal del parto está totalmente abierto. Bajo la doble fuerza de las contracciones uterinas y el empuje realizado por la madre, el cuello del niño se flexiona haciendo que la barbilla se apoye en su pecho y la nuca se coloque en dirección a la salida. El niño va bajando por el canal realizando rotaciones hasta que su nuca se encuentra por debajo de la pelvis de la madre: en este momento su cabecita asoma por los genitales externos, con un rápido movimiento de extensión su cabeza se levanta y sale al exterior, a continuación se produce otro giro y salen los hombros; una vez que los hombros están fuera el resto del cuerpo sale rápidamente.

La madre

En cuanto empieces a sentir las ganas de empujar debes comunicárselo a la comadrona o al tocólogo para que confirmen si ya puedes hacerlo o, por el contrario, si debes esperar a que el cuello esté en su momento óptimo. En este último caso debes cambiar tu respiración a más corta y rápida. Llegará un momento en que sientas unas irresistibles ganas de empujar, esto se denomina «los pujos», las contracciones se vuelven más intensas y prolongadas, aunque hay

Durante la fase latente puedes estar acompañada por la persona que tú elijas para que participe activamente en el momento del alumbramiento.

La episiotomía

La episiotomía consiste en un corte efectuado en la zona de la unión inferior de los labios mayores, para ampliar el espacio de salida del bebé y prevenir el desgarro.

Se suele practicar en las primerizas, a excepción de la mujer que tenga esta zona especialmente flexible y siempre que la cabeza del niño ejerza presión contra los tejidos del perineo y se tema por el desagarro.

Es cierto que posiblemente se abuse en exceso de esta técnica, pero para que sea mejor comprendida y no se considere un «capricho» del tocólogo, exponemos una complicación que puede aparecer si no se realiza: el desgarro perineal, cuya evolución y pronóstico es bastante peor. Consiste en la ruptura traumática de las estructuras situadas en el periné femenino desde la vagina hasta el recto. Existen cuatro grados de desgarro según su intensidad, siendo el pimer grado el más leve y que afecta sólo a la vulva y a la mucosa vaginal, pero el cuarto grado puede desgarrar el esfínter anal dejando como secuela una incontinencia de por vida.

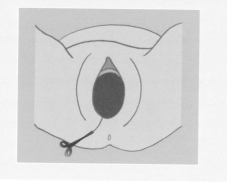

muchas mujeres que toleran mejor esta fase, seguramente porque el parto llega a su final y también porque están activamente ayudando a la expulsión. En las primíparas este período suele durar alrededor de una hora y en las multíparas tan sólo minutos.

EL ALUMBRAMIENTO

Una vez que ha nacido el bebé, se siguen teniendo contracciones pero éstas no son intensas ni se perciben como dolorosas. Esta última fase del parto consiste en la expulsión de la placenta y las membranas que envolvían al feto, que se desprenden gracias a las contracciones uterinas. El tocólogo tirará suavemente del cordón umbilical, que ya ha sido cortado, y tras él saldrán el resto de membranas y alrededor de 200-300 cm^3 de sangre, procedente de la separación de la placenta y los vasos sanguíneos uterinos que la alimentaban. Esto puede tardar de 20 a 30 minutos desde el nacimiento del niño. Es importante revisar cuidadosamente que la placenta haya salido íntegra, y que no queda nada dentro del útero, en caso contrario habría que hacer una revisión de la cavidad uterina bajo anestesia. La revisión de la placenta permite comprobar la salud del niño durante la gestación.

Si se te ha hecho una episiotomía este será el momento en que se te cosa.

La técnica de la episiotomía tiene 200 años de antigüedad y pretende ensanchar el canal del parto para facilitar el período expulsivo.

ANESTESIAS

La anestesia sirve para anular el dolor, pero sin dejar a la madre inconsciente para permitir su participación activa durante el parto. Las anestesias obstétricas se clasifican en dos categorías: las aplicadas por un tocólogo y las que requieren de un anestesista. Mencionamos las anestesias porque son práctica habitual en hospitales y clínicas, sin embargo está claro que la mejor manera de dar a luz es de forma natural, concentrándose en la respiración y la relajación aprendida en los diferentes tipos de cursos de preparación al parto. En la gran mayoría de los casos, tanto el cuerpo como la mente de la mujer poseen la capacidad y la virtud necesaria para tener un parto natural. Por supuesto, esto no quiere decir que la mujer tenga que parir con dolor, sino todo lo contrario, y como la percepción del dolor es diferente en cada caso, está perfectamente justificado que la mujer solicite la anestesia para evitar un sufrimiento innecesario.

ANESTESIAS APLICADAS POR UN TOCÓLOGO

Estas anestesias se aplican cuando el parto se encuentra en una fase avanzada, y la decisión de cuándo o cómo hacerlo está en manos del tocólogo.

La paracervical

Consiste en inyectar una anestesia local en la zona de alrededor de la boca del útero. Su efecto dura de tres cuartos de hora a una hora y media. No elimina por completo el dolor de toda la dilatación, tan solo el de la última fase. Es imprescindible controlar su aplicación a través de un monitor porque si la dosis es excesiva puede provocar la disminución de los latidos cardíacos del feto.

La anestesia de los nervios pudendos

Esta es una anestesia simple y poco nociva, tanto para la madre como para el feto. Es local y no anula completamente el dolor. Se aplica en la vulva y el perineo, y normalmente se usa en los casos de expulsiones complicadas que necesitan la ventosa o la episiotomía. Sus efectos duran como máximo una hora.

Los analgésicos y los sedantes

Esta opción no es en absoluto aconsejable, ya que tienen que ser aplicados por vía endovenosa. Esto hace que lleguen al feto, lo que puede producirle efectos negativos como una cierta dificultad para respirar. En la madre producen un cierto atontamiento, lo que disminuye su colaboración en el parto y, por lo tanto, se prolongaría más tiempo del necesario.

ANESTESIAS APLICADAS POR UN ANESTESISTA
Este tipo de anestesias son complejas y delicadas, por lo que necesitan la presencia de un anestesista. Aunque ahora la epidural es muy común, su aplicación se debería reservar para los partos que se presentan particularmente fatigosos y dolorosos.

La epidural

Esta anestesia se aplica a la columna vertebral entre dos vértebras lumbares, que permiten introducir la anestesia directamente en el canal medular de donde proceden los estímulos del dolor que llegan al cerebro. Primero se anestesia la zona localmente, luego el anestesista pincha una aguja de gran tamaño en el exterior de la médula espinal. A través de la aguja fija un tubito (catéter), a continuación extrae la aguja. Por el catéter el anestesista va dosificando la anestesia según la paciente lo requiera. Toda la parte inferior de la parturienta quedará insensible.

Puede tardar en hacer efecto una media de 20 a 30 minutos desde que comienza toda la operación.

Los efectos secundarios en la madre no son importantes: puede sentir temblores, que es la compensación a la que recurre el cuerpo por la pérdida de calor provocada por el bloqueo nervioso y la administración del suero a temperatura ambiente. En el feto puede provocar un menor aporte de oxígeno.

EPIDURAL

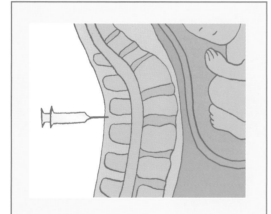

Existe la falsa creencia de que con esta anestesia hay riesgo de parálisis medular. Es totalmente falso, ya que la punción se hace en un lugar donde no hay médula espinal.

La anestesia espinal

También en este caso la anestesia es inyectada en la columna vertebral. Esta modalidad insensibiliza casi inmediatamente a la parturienta porque la aguja se introduce más profundamente que en la epidural; por ello, para la segunda, se necesita una mayor habilidad por parte del anestesista. Los efectos secundarios de la espinal son mucho más nocivos: violentos dolores de cabeza y vómitos en los siguientes dos días al parto. Para reducir estos trastornos la persona afectada suele tener que permanecer en cama con suero durante, al menos, veinticuatro horas. En la actualidad esta anestesia está prácticamente en desuso.

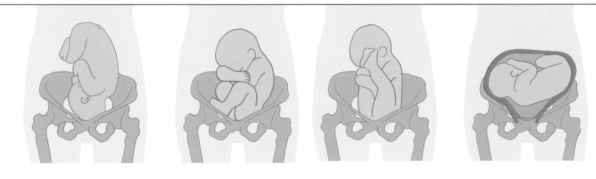

CEFÁLICA DE
VÉRTICE

PODÁLICAS

DE HOMBROS

La acupuntura

La acupuntura es una práctica de la medicina china que, aunque cada vez se oye hablar más sobre ella, todavía no está muy extendida en Occidente, especialmente como analgésico para el parto. Consiste en pinchar agujas muy finas en ciertos puntos clave situados por todo el cuerpo. Si este método se utiliza durante el parto puede controlar el dolor. Normalmente la acupuntura se usa como medicina alternativa para otras dolencias.

POSTURAS DEL BEBÉ

El 95% de los bebés se presentan de forma cefálica de vértice al llegar el parto. Es decir, con la cabeza hacia abajo y los pies hacia arriba, sus extremidades plegadas al cuerpo, y la cabeza inclinada hacia delante y el mentón sobre el pecho, esta es la posición que permite el paso más natural por el canal del parto.

PRESENTACIONES ANÓMALAS

Presentación podálica

En esta posición el niño se presenta invertido: en lugar de la cabeza se presenta de nalgas o de pie. Esto ocurre en uno de cada 30 partos.

Aunque es una posición algo anómala, el parto se puede desarrollar normalmente en la gran mayoría de los casos, sobre todo en las multíparas. Hay hospitales en donde, frente a un caso de presentación po-

Casi todos los bebés se ven ya encajados en las primeras ecografías.

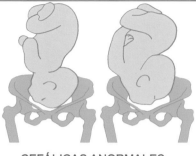

CEFÁLICAS ANORMALES

Cefálica de vértice: postura más común que es la que desemboca en partos normales. El bebé se coloca boca abajo para facilitar la salida.

Podálica: las posturas «de nalgas» no tienen por qué terminar siempre en cesárea, aunque normalmente se recurra a ella por precaución.

Cefálicas anormales: una colocación incorecta de la cabeza del bebé podría deformarle el cráneo o la cara la nacer, por lo que suele recurrirse a la cesárea.

Presentación de hombros: en la mayor parte de estos extraños casos, el tocólogo consigue dar la vuelta al bebé de forma manual para que el parto se desarrolle con normalidad.

dálica, prefieren recurrir a una cesárea. Puede producir hematomas pasajeros en el bebé.

Presentaciones cefálicas anómalas

El bebé se presenta de cabeza pero con una inclinación errónea. Puede ocurrir que en vez del vértice se presente de frente, esto ocurre en uno de cada 2.000 casos, o de cara en uno de cada 300 o 500 casos. En estos casos entre el 5-20% de ellos acaban en cesárea. Pueden producir daños de deformaciones pasajeras o hinchamiento de labios y párpados en el bebé, o complicaciones en la madre, ya que el bebé se presenta de forma que los diámetros más anchos de la cabeza tienen que abrir el canal, por lo que puede quedarse atascada.

Presentación de hombros

En este caso el niño se presenta atravesado en la cavidad uterina. Este tipo es muy raro que se presente, suele darse en casos de un parto an-

tes de término, en mujeres que ya han tenido hijos, o en el segundo bebé de un parto gemelar. El parto vaginal es posible siempre que el médico consiga darle la vuelta al niño manualmente. Si no es así, será preciso recurrir a la cesárea.

COMPLICACIONES EN EL PARTO
CESÁREA

La cesárea consiste en una intervención quirúrgica a través de la cual se extrae al feto, por una incisión transversal practicada en las paredes del abdomen y el útero, para la cual se usa la anestesia total. Aunque hoy en día el tocólogo moderno recurre a ella con mucha frecuencia, esta operación debería realizarse exclusivamente cuando es absolutamente necesaria.

Las principales razones por las que parece provocarse este gran incremento en cesáreas son:

La cesárea

No se sabe cuándo y cómo se practicaron las primeras cesáreas, pero es probable que se realizaran en caso de fallecimiento de la madre para salvar al niño. En la antigua Roma la cesárea en fallecidas era una práctica habitual e incluso impuesta por ley. Esta práctica se conservó y adaptó con el cristianismo. Alrededor del 1500 fue promovida por un fanatismo medieval que proclamaba que el niño no debía pasar por el canal del parto para no contaminarse, y así nacer puro. En este período la mortalidad se incrementó del 52 al 85%.

Muchos afirman que el primero en practicarla en una mujer viva fue un castrador de cerdos llamado Giacomo Nufer de Turgovia, quien se la realizó a su mujer con éxito.

El primer obstetra en realizar una cesárea con éxito fue Eduardo Porro en 1861. Las principales complicaciones de la cesárea eran las hemorragias, debidas a la incapacidad de suturar la pared uterina, y las infecciones posteriores a la operación. Para evitar estos problemas, Porro extirpaba el útero tras la cesárea. En 1881 se aprendió a suturar y se permitió que la mujer volviera a dar a luz después de una cesárea.

- El deseo expreso y obligatorio de la propia parturienta que, en un 40% de los casos, prefieren una cesárea a un parto vaginal por miedo a los dolores de la dilatación.
- La mejora de las técnicas quirúrgicas.
- La decisión, no siempre justificada, de reducir riesgos en el parto.
- Cuando un parto vaginal se presenta algo más complicado de lo normal y precisa de maniobras obstétricas arriesgadas, muchos médicos inexpertos optan por esta opción por temor a ser acusados de negligencia o falta de experiencia.
- Por comodidad del tocólogo, al ser éste un parto programado.

No obstante, hay que decir que en general los médicos y el personal de los hospitales están allí para ayudar a la mujer a dar a luz y su criterio no suele ser caprichoso. Salvo excepciones muy puntuales, los médicos no luchan contra la naturaleza ni practican cesáreas para su comodidad, sino que intentan que tanto la madre como el niño no sufran riesgos innecesarios, de manera que si prevén un parto distócico con posible sufrimiento fetal no agotan la vía vaginal y practican una cesárea. Gracias a estas decisiones, las cifras de mortalidad perinatal se han reducido muchísimo en los últimos 100 años. Debes confiar en la profesionalidad del médico que te atienda y pensar que si el parto termina en una cesárea ha sido por tu bien y por el de tu hijo.

El nacimiento natural es sin duda el más recomendado y, en la medida de lo posible, el parto vaginal debería ser la primera opción, ya que los procesos del parto son beneficiosos para el bebé y para la madre; por ejemplo, cuando pasa por el canal del parto el niño recibe un vigoroso masaje por todo el cuerpo que estimula los músculos y la circulación. Sin embargo, hay casos en los que no es posible un parto normal y hay que practicar cesárea. Estos son:

- Prolapso del cordón umbilical.
- Si se presenta un parto gemelar en el que los bebés se obstaculizan la salida, o en cualquier otro caso de presentación anómala que incapacite el alumbramiento.
- Si se produce sufrimiento fetal durante el embarazo y hay que inducir el parto antes de término.
- Si se presenta un desprendimiento de placenta.
- Si existe sufrimiento fetal durante el trabajo del parto que obligue a un nacimiento inmediato.

EMBARAZOS POSTERIORES

A principios del siglo XX se impuso el pensamiento de que después de un parto con cesárea los siguientes también tendrían que serlo, en la creencia de «cesárea una vez, cesárea para siempre».

Con el tiempo se ha comprobado que esto no es así: no sólo es posible tener un parto normal después de una cesárea, sino que es totalmente seguro. Lo único a tener en cuenta es que la cicatriz esté tan bien consolidada como para poder soportar el esfuerzo de las contracciones, con lo que sería suficiente esperar de uno a dos años para un nuevo embarazo.

VENTOSA Y FÓRCEPS

En ocasiones, durante el parto, la expulsión del bebé se ve dificultada por anomalías o complicaciones y es preciso ayudar al bebé a nacer con la mayor brevedad posible para evitar daños irreparables. Si el niño aún no está en el canal del parto se recurrirá a la cesárea, pero si el niño ya está en el proceso final, se utilizarán los fórceps o la ventosa.

Fórceps o ventosa

Se utilizan en los siguientes casos:

- Cuando el avance por el canal del parto se paraliza durante un tiempo tan prolongado que pueda llegar a provocar lesiones fetales.
- Cuando las contracciones son insuficientes y no se logra reforzarlas ni siquiera con fármacos.
- Cuando es necesario ahorrar esfuerzos a la parturienta por problemas cardíacos o similares.

Si un parto se complica con cesárea, el personal médico podrá exigir que el acompañante de la mujer salga del quirófano.

Ventosa

Esta es una técnica lenta, siempre va precedida de la episiotomía y sólo se utiliza en casos de urgencia en la que es preciso ayudar a nacer al niño.

Se trata de una copa metálica, o de plástico, que se aplica en la cabeza del bebé. Esta copa está conectada a una bomba aspirante por medio de un tubo de goma. Al accionar la bomba se hace ventosa y la copa queda adherida a la cabeza del niño, entonces se ejerce sobre ella una pequeña tracción y se puede extraer al niño. Este método requiere unos 15 minutos, por lo tanto no es adecuado en casos de extrema urgencia.

Los niños nacidos con ventosa suelen tener la cabeza ligeramente alargada, a veces quedará un poco arañada y presentará la marca de la copa de la ventosa. Estos rasgos desaparecerán al cabo de unos 15 ó 20 días.

Fórceps

Este instrumento, que consta de dos piezas articuladas diseñadas para adaptarse a la cabeza del niño, ha sido muy utilizado en el pasado, sin embargo se dejó de utilizar por los riesgos que entrañaba: traumatismo craneal, lesiones vasculares y nerviosas, hemorragias internas, etc.

Hoy en día sólo se usa en casos de extrema urgencia en el momento del alumbramiento, como si existe sufrimiento fetal agudo y necesidad de que el niño nazca inmediatamente. En estas situaciones excepcionales, los problemas ligados al uso de los fórceps son muy reducidos.

PARTO INDUCIDO

El parto es inducido mediante el suministro de fármacos. Estos pueden ser administrados bien de forma intravenosa o con la aplicación de un gel que se extiende en el cuello del útero. Aunque en algunos casos la simple aplicación del gel es suficiente, lo normal es que se usen ambas técnicas. El parto inducido puede, muchas veces, evitar tener que recurrir a la cesárea, lo que es infinitamente menos problemático, ya que evita que la madre tenga que someterse a una intervención quirúrgica, que acarrea problemas físicos y psíquicos. Pero esta técnica también tiene algunos inconvenientes: el parto se alarga, ya que las contracciones preparatorias que preceden al parto y preparan al útero no se producen. El parto inducido complica a la mujer los ejercicios de respiración, ya que, mientras en un parto natural cada contracción tiene un pico de dolor tras el cual se recupera la respiración y se prepara para la siguiente contracción, en un parto inducido cada contracción tiene dos picos de dolor muy seguidos.

Debido a los fármacos usados y sus posibles efectos, es imprescindible monitorizar a la madre para observar el ritmo cardíaco del niño y el tono uterino de la madre. Por lo tanto, el goteo y la sonda del abdomen, obligan a la mujer a permanecer inmóvil en la cama durante todo el parto, lo que puede hacerse bastante incómodo.

DAR A LUZ EN CASA

Desde hace años, la reflexión sobre los aspectos negativos que presenta el dar a luz en la clínica ha hecho pensar que, en determinadas condiciones, hacer nacer a un niño en el propio hogar constituye una mejor solución.

Sin embargo, no se trata de un retorno puro y simple a lo antiguo, sino quizá de un retorno al aspecto humano de la cuestión. Se procura reservar la asistencia y los aparatos especializados de los hospitales a las mujeres que puedan necesitarlos evitando a todas las demás la frialdad y los inconvenientes que comportan. La mejora general de las condiciones de vida y de salud han reducido los casos de partos arriesgados. El mismo resultado puede obtenerse con una asistencia más difundida del embarazo, cosa que, entre otras ventajas, permite prever con bastante realismo qué mujeres son las que tendrán con más probabilidad complicaciones en el parto. Por lo tanto, el dar a luz en casa es una posibilidad que se ofrece a aquellas mujeres para las que no se prevén complicaciones en el momento del parto.

Obviamente, resulta indispensable crear las condiciones necesarias de seguridad y esto requiere una asistencia adecuada antes, durante y después del parto. En algunos países europeos (especialmente en Holanda) este problema ha encontrado buenas soluciones organizativas; se trata de países en los que el parto en el hospital no alcanzó nunca la difusión que tiene en

Motivos para un parto inducido

En algunas ocasiones excepcionales es preciso inducir el parto sin que este se produzca naturalmente. Los motivos más frecuentes para recurrir al parto inducido son:

- Patologías maternas (hipertensión o diabetes).
- Una excesiva reducción de líquido amniótico.
- La prolongación del embarazo tras las 42 semanas.
- La rotura de la bolsa amniótica con más de 24 a 48 horas de antelación.

Recomendaciones de la Organización Mundial de la Salud

- No son necesarios ni el rasurado del pubis ni el enema antes del parto.
- Las embarazadas no deberían adoptar la posición litotómica durante las contracciones ni el parto.
- No está justificada la episiotomía sistemáticamente, deberían evaluarse y aplicarse eventualmente otros métodos de protección del perineo.

- El parto no debería ser inducido por conveniencia, y ninguna región debería registrar tasas de partos inducidos que superen el 10%.
- Durante el parto se debería evitar la administración sistemática de analgésicos o anestésicos a la madre.
- Ningún dato científico justifica la ruptura artificial de las membranas en un estadio precoz del parto.

otros, y en los que, por lo tanto, la asistencia sanitaria contempló desde siempre la posibilidad del parto y la asistencia durante el puerperio en la propia casa. En Holanda 42 mujeres de cada 100 escogen dar a luz en casa, y las estadísticas demuestran que la salud de la madre y la del niño están mucho más aseguradas que en otros países.

En las grandes ciudades resulta difícil organizar una asistencia médica adecuada para el parto en casa, porque con frecuencia, los médicos y las comadronas, cada vez más acostumbrados a trabajar en el hospital, rara vez se atreven a hacerlo en un ambiente que carece del personal y los equipos que se encuentran en los hospitales. Las mujeres que deseen tener a sus hijos en casa deberán, antes que nada, asegurarse de la presencia de una comadrona para conducir por sí sola un parto normal. Lo mejor será encontrar a la persona adecuada con anticipa-

ción, para que sea ella la que siga el embarazo y llegar así al parto con un cierto conocimiento recíproco.

Si no lograra encontrar una lista de comadronas disponibles, podrá dirigirse al colegio de comadronas o enfermeras donde se le proporcionará la información pertinente. En todo caso, deberá estar preparada para una búsqueda laboriosa.

Además de una comadrona, o a falta de ésta, puede requerir la presencia de un ginecólogo, aunque son muy pocos los que se prestan a asistir un parto en casa, y de un pediatra que revise la correcta salud del niño después de que se produzca el nacimiento.

Requisitos

La casa

Es preciso reservar una habitación, especialmente limpia y que cuente con calefacción, para

- No existen pruebas de que sea necesaria la cesárea en una mujer que ya se ha sometido a una con corte transversal del segmento.
- No hay pruebas de que la monitorización fetal de rutina durante el parto tenga un efecto positivo en el desenlace de la gestación. Se debería recurrir a la monitorización electrónica del feto sólo en situaciones clínicas cuidadosamente seleccionadas y en los partos provocados o inducidos.

- Cuando el estado de salud de ambos lo permita, el niño debe permanecer junto a la madre. Ninguna prueba justifica la separación de un recién nacido en buenas condiciones de salud de su madre.
- El bienestar psicológico de la madre debe estar asegurado por la presencia de una persona de su elección durante el parto, y por la posibilidad de recibir libremente visitas durante el posparto.

que en ella se produzcan las últimas fases del parto. Esta habitación deberá ser preparada siguiendo las indicaciones de la comadrona.

Además, la casa deberá estar en condiciones de funcionar con el mínimo esfuerzo, tanto durante el parto como en los días inmediatamente posteriores, de manera que el parto en casa no se transforme en un momento demasiado caótico para toda la familia. Por lo tanto, será mejor preparar de antemano los alimentos y asegurarse de que todos los familiares y las demás personas presentes en esos días estén dispuestas a organizarse, de modo que cada una contribuya de una forma ordenada para quitarle trabajo a la madre que debe descansar.

El coche

En previsión de un posible ingreso de urgencia, durante el parto habrá que disponer de un coche con asiento abatible y con el depósito lleno.

Obviamente, el hospital no debe encontrarse muy lejos de la casa.

Materiales e instrumentos

Buena parte del material médico será proporcionado por la comadrona. Por el contrario, hará falta conseguir una botella de oxígeno con inhalador, que se puede alquilar en la farmacia, y

Además de una casa acondicionada, deberá tener un ambiente agradable.

también mucha ropa blanca bien limpia, uno o dos cazos para esterilizar el instrumental, un par de sábanas de plástico, una lámpara orientable, un reloj con segundero, una estufa, una balanza para pesar al bebé, un recipiente para el baño, gasas esterilizadas y los demás accesorios que eventualmente solicite la comadrona.

VENTAJAS DE DAR A LUZ EN CASA

Resulta esencial que durante el parto te sientas protagonista activa y que tengas fe en ti misma. Esto es más fácil en tu propia casa que en el hospital.

Es más fácil que te sientas segura y relajada en casa que en un lugar desconocido y entre personas extrañas. En tu casa el ambiente es familiar y la comadrona debería ser la misma que siguió el embarazo. Podrás adoptar la postura que más te guste, andar, ponerte en cuclillas, etc., sin tener que estar postrada en una cama conectada a controladores mecánicos.

Si lo desean, el padre y los hijos mayores pueden estar presentes y participar en el parto.

Se puede organizar un recibimiento del recién nacido que resulte lo más dulce posible.

No te verás obligada a seguir la rígida disciplina hospitalaria, por lo que te sentirás más libre. Esto resulta particularmente agradable durante la primera fase del parto y después del nacimiento.

Tu hijo y tú no tendréis que separaros en ningún momento, lo que beneficia enormemente a la tranquilidad del niño y a la tuya propia y favorece los lazos sentimentales.

La lactancia se puede ejercer desde el primer momento, lo que ayuda a que ésta se desarrolle de forma propicia. Tampoco se le administrarán biberones suplementarios o de agua con glucosa durante la noche, una práctica común en hospitales, lo que también perjudica el buen desarrollo de la lactancia.

La adaptación del recién nacido a su nuevo ambiente comenzará desde el primer momento de vida.

Ya está aquí

O DEJES QUE LA PRIMERA IMPRESIÓN QUE TE DÉ TU BEBÉ TE DESMORALICE. A LO MEJOR NO SE PARECE A ESAS FOTOS DE LOS QUERUBINES QUE HAS VISTO EN LOS LIBROS Y LOS ANUNCIOS. PUEDE QUE SU CABEZA ESTÉ ALGO DEFORMADA Y NO SEA TOTALMENTE REDONDITA, YA QUE AL PASAR POR EL CANAL DEL PARTO SE ALARGAN UN POCO, SOBRE TODO SI EL PARTO HA SIDO LARGO Y EL BEBÉ HA TARDADO MUCHO EN SALIR. SU CARITA ESTARÁ HINCHADA. SUS PIERNAS Y SUS BRACITOS PUEDEN TENER UN COLOR AZULADO, Y ESTARÁ CUBIERTO POR UNA SUSTANCIA BLANQUECINA GRASIENTA, QUE SE LLAMA VÉRNIX. SU CUERPO PUEDE ESTAR CUBIERTO DE MANCHAS DE DIFERENTES COLORES, ESTO SE DEBE A QUE SU METABOLISMO NO FUNCIONA AÚN A LA PERFECCIÓN, Y PASARÁ ALGÚN TIEMPO HASTA QUE SU SISTEMA DE TERMORREGULACIÓN FUNCIONE CORRECTAMENTE. TODO ELLO ES NORMAL Y EN UNOS DÍAS LUCIRÁ UN SALUDABLE COLOR ROSADO. SIN EMBARGO, SI HAY ALGO QUE TE PREOCUPE NO DUDES EN PREGUNTARLE AL PEDIATRA.

Puede ser que nada más ver a tu bebé ya le adores, pero si no es así no te preocupes, ni te sientas mal o culpable, es algo que les pasa a muchas mujeres. Date un tiempo, en cuanto empieces a cuidarle, a pasar horas muy cerca de él, y veas cómo responde a tus caricias, tu voz, tu olor, el amor crecerá en ti y no parará de hacerlo nunca.

PRIMERAS PRUEBAS

La primera exploración la realiza la matrona, al minuto de nacer, en la sala de partos. Se trata del test de Apgar. Esta prueba, diseñada en 1953 por una pediatra Inglesa, la Dra. Virginia Apgar, se realiza en todas las maternidades del mundo, es sencilla y eficaz, y sirve para evaluar la vitalidad del recién nacido nada más nacer.

El test de Apgar valora cinco áreas:

- La piel; su color y aspecto.
- El corazón; la frecuencia cardíaca.
- Los músculos; su actividad.
- Los reflejos.
- La respiración.

Se puntúa de 0 a 2 puntos en cada una de ellas, y la puntuación total es la que informa del estado global del bebé. Si la nota obtenida es de 9 a 10, se considera excelente. Entre 7 y 8, las condiciones de vitalidad son buenas. De 6 a 7, se consideran aceptables, pero requiere ser vigilado. Una puntuación menor a 5 puntos indica una severa falta de vitalidad, y la necesidad de

Aunque parecen menos vitales, los niños nacidos por cesárea tienen mejor color por no haber sufrido durante el parto.

reanimación y cuidados intensivos, aunque en la mayoría de los casos el que un niño tenga una nota menor a 5 no quiere decir que haya que preocuparse por ello: suelen recuperarse pronto y no dejar secuela alguna.

A los cinco minutos de nacer se le vuelve a hacer la misma prueba. Puede ser que la puntuación cambie en este intervalo. En el primer examen los niños nacidos de un parto con cesárea suelen obtener una puntuación más baja, ya que al no pasar por el canal del parto y recibir el masaje natural, suelen estar algo dormidos y más «blandos» que los niños nacidos de forma natural, pero en la segunda prueba la puntuación entra dentro de la norma.

Estos números se transcriben en la ficha neonatal y sirven a los médicos para comunicar a quienes seguirán el desarrollo del niño a partir de ahí una serie de informaciones importantísimas.

Superada la primera revisión, se realiza la curación del ombligo. Después se lava al niño y se le coloca en la muñeca una pulsera de identificación con su apellido, un número —que corresponde con el de la madre— y su fecha de nacimiento. Después se le inyecta vitamina K para favorecer la coagulación de la sangre y se le aplican una gotas de un colirio especial para prevenir los problemas de la vista derivados de un posible contagio por gonococos.

EL PESO

Después del sexo, lo primero que se le comunica a la madre es el peso de su hijo. Normalmente un recién nacido pesa entre 2.500 y 4.000 g. Los varones suelen pesar un poco más que las niñas. Cuando un niño pesa menos de lo

¿Cabeza deformada?

La cabeza de tu bebé puede quedar deformada en el parto. No te preocupes, no durará mucho. Los huesos del cráneo han debido amoldarse al tamaño disponible en el canal del parto.

El bultito que quizás observes en su cráneo se debe a una pequeña hemorragia ocurrida durante el parto. El cefalohematoma se reabsorbe a los pocos días.

Si la cabeza del bebé se ha visto presionada contra un cuello uterino no suficientemente dilatado, o si el parto ha terminado con fórceps o ventosa, puede que se haya acumulado plasma y sangre bajo el cuero cabelludo. Es una masa blanda, con los bordes poco precisos. Como el cefalohematoma, evoluciona satisfactoriamente a los pocos días.

Los párpados pueden aparecer hinchados. Observarás que los ojos tendrán un extraño color grisáceo, esto se debe a la escasez de melanina. También puede parecer estrábico, porque los recién nacidos no controlan bien sus músculos oculares.

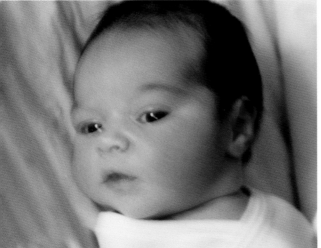

normal suele ser por dos motivos: porque no completó su crecimiento al nacer antes de tiempo, o bien porque durante la vida uterina tuvo alguna dificultad que limitó su crecimiento. En ambos casos será necesario que pase un tiempo en la incubadora.

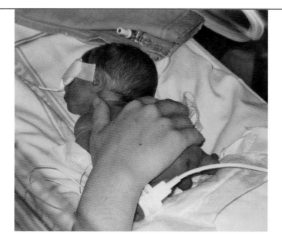

El contacto con la madre es muy importante para el bebé prematuro, por eso se intenta que sea alimentado con leche materna que se saca la madre y se administra al bebé con una sonda.

LOS PREMATUROS

En España un 7% de los niños que nacen son prematuros. Si un niño ha pasado en el útero menos de 38 semanas, su capacidad para defenderse de las infecciones y el funcionamiento de los distintos órganos, en especial los pulmones, pueden no estar totalmente desarrollados y, a veces, son tan insuficientes que pueden resultar incompatibles con la supervivencia. Obviamente, cuanto menos tiempo haya transcurrido el niño en el útero, mayores serán las dificultades que deberá superar para alcanzar la autosuficiencia, sobre todo en el caso de aquellos que tienen un peso inferior a 1.500 g o incluso menor de 1.000 g. En muchos casos es necesario alimentarles por vía intravenosa o mediante una sonda gástrica, ya que carecen de los reflejos de succión y deglución.

Es muy importante para el buen desarrollo del bebé que durante el tiempo que pase en la incubadora note la presencia de los padres, especialmente de la madre, ya que esto le estimula enormemente.

LOS NIÑOS QUE NACEN PEQUEÑOS CON RELACIÓN AL TIEMPO DE GESTACIÓN

Son niños que no han crecido lo que deberían en relación con el tiempo que pasaron dentro del útero. Independientemente del hecho de ser

Puntual

• Si se descama la piel de sus manos y pies, ha nacido después de la fecha prevista. En cambio, si los pliegues no están totalmente formados, tu hijo es prematuro.

• Si al doblar el pie sobre la parte anterior de la pierna no queda espacio, tu bebé ha nacido en su fecha.

La prueba del talón

La prueba del talón, o el test de metabolopatías, consiste en sacar una serie de gotas de sangre que se extraen del talón del bebé a los dos días y a la semana de nacer.

Esta prueba se realiza para descartar algunas enfermedades metabólicas como la fetilcetonuria o el hipotiroidismo, que pueden tener consecuencias tan graves como el retraso mental profundo si no se diagnostican a tiempo.

madre padeció diabetes, el aspecto excepcionalmente rollizo del niño puede deberse a un exceso de líquido o a un trastorno del metabolismo. Este caso no es infrecuente, pero generalmente no conlleva mayores problemas; de todos modos, por prudencia, los niños que nacen con un peso muy elevado son objeto de observación durante un par de días.

prematuros o no, lo que cuenta es que son demasiado pequeños con respecto a su edad calculada desde el momento de la concepción.

En estos casos los médicos deberán recoger toda la información posible sobre la evolución del embarazo para determinar qué impidió que el niño recibiera la nutrición necesaria. Las causas pueden ser muy diversas: enfermedades maternales, anomalías de la placenta, madre fumadora, etc.

LOS NIÑOS QUE NACEN DEMASIADO GRANDES

No siempre los niños que nacen demasiado grandes son fuertes. Si durante el embarazo la

LA INCUBADORA

La incubadora, o unidad de terapia intensiva neonatal, es una cuna termostática que permite mantener a los niños prematuros, de bajo peso o con una patología eventual, a la misma temperatura que dentro del vientre materno y con un grado de humedad adecuado para ellos. Si es

Un bebé se considera excepcionalmente grande cuando nace con más de 4.500 g de peso. Las mujeres con diabetes o con obesidad tienen más probabilidades de parir un bebé grande.

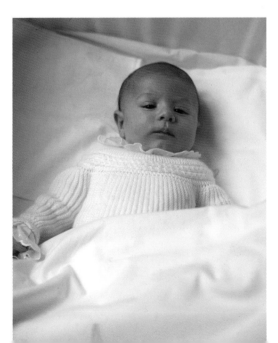

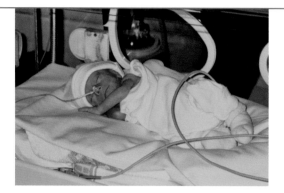

La incubadora mantiene una temperatura de 36 ºC y reúne las características del útero materno: le ayuda a respirar y le protege de las infecciones. El bebé podrá prescindir de ella cuando alcance los 2.000 g de peso.

necesario se puede aumentar el oxígeno del aire en su interior. En ocasiones los recién nacidos, por su incapacidad para regular automáticamente su temperatura corporal, se quedan un poco fríos al nacer, entonces puede que pasen una o dos horas en la incubadora para restablecer la temperatura óptima del cuerpo.

En ocasiones se coloca dentro de la incubadora un rollo acolchado que rodea al recién nacido, este es un intento para hacerle sentirse abrazado, ya que el bebé tiene una gran necesidad de la presencia y el contacto de la madre. Lo habitual es que se intente aislar a los bebés para evitar infecciones, y sólo se les pueda ver a través de un cristal, o tocar, adoptando estrictas medidas higiénicas, a través de unas ventanas circulares que se encuentran en las paredes de la incubadora. Esto hace que el bebé parezca que está mucho más enfermo de lo que está en realidad. Ahora se ha comprobado que los bebés cogen peso más deprisa si pasan tiempo con sus madres, son acariciados, mimados y cogidos en brazos. En un hospital en Sevilla se ha empezado a seguir este programa, donde las madres van a pasar tiempo al hospital junto a sus hijos prematuros. Este nuevo método beneficia tanto al niño como a la madre.

La ictericia fisiológica

El recién nacido a menudo presenta una pigmentación amarillenta llamada ictericia fisiológica. Esta coloración suele aparecer a los dos o tres días de nacer, aumenta gradualmente hasta el cuarto o quinto día y desaparece al cabo de una o dos semanas.

Gracias a los avances médicos, la supervivencia de los bebés prematuros se ha ampliado en Occidente en los últimos años en un 70%.

Esta pigmentación se debe a un exceso de bilirrubina en la sangre que, debido a los todavía inmaduros sistemas enzimáticos, el recién nacido no puede eliminar correctamente. La ictericia cutánea aparece cuando la bilirrubina alcanza los 5-6 mg/100 ml. Si asciende a niveles de 20 mg/100 ml, puede traspasar la estructura que protege las células del encéfalo y depositarse en las células nerviosas, que podrían sufrir daños.

El tratamiento consiste en exponer al niño desnudo, con los ojos protegidos, a la luz de lámparas solares, que tienen la virtud de reducir la bilirrubina en la sangre. En ocasiones es suficiente con exponer a la criatura a la luz solar junto a la ventana.

La ictericia que aparece en las primeras 24 horas de vida puede, aunque no siempre, deberse a una infección neonatal o a una incompatibilidad de sangre materno-fetal; en este caso no es de tipo fisiológico, lo que quiere decir que es más grave de lo común.

EL NIDO

A las dos horas de haber dado a luz, la madre se somete a una revisión médica para comprobar que todo ha ido bien, y que se encuentra en perfecto estado. En este momento el niño es trasladado a la sala nido. En la sala nido si es necesario se mete al niño en la incubadora para mantenerlo a la temperatura adecuada. Se procede a asearle, darle el primer baño, limpiarle los oídos. Se comprueba el buen estado de las vías respiratorias y del aparato digestivo, y se verifica su estado de salud general.

La sala nido de las maternidades albergaba a todos los recién nacidos sanos, mientras la madre estaba ingresada en la sección de obstetricia. La conveniencia de esta sala era más para la organización del centro que para la madre y el niño. En la mayoría de los hospitales se debía a problemas de espacio y a la infraestructura del hospital, ya que para los pediatras era más cómodo y rápido ver a todos los niños en un lugar que ir de habitación en habitación visitando a los bebés y respondiendo a las preguntas de los padres. En Europa occidental son ya muy pocas las clínicas, por no decir ninguna, que mantienen un nido las 24 horas del día, siendo en todo caso nocturno para alivio del descanso materno y, por supuesto, es una obligación

de los pediatras informar de forma diaria a los padres del niño de la evolución del mismo y responder a sus preguntas, independientemente de que esté en el nido o junto a la madre. Desde una perspectiva de salud global del individuo, se ha comprendido que la sala nido, si bien es perfecta para el médico, no resulta la mejor opción para la madre ni para el niño. El recién nacido suele estar en una cuna al lado de la cama de la madre, donde ella pueda atenderle, por lo menos durante el día, y como mucho, se traslada al niño a la sala nido durante la noche para que ella pueda descansar. El hecho de que la madre y el niño estén juntos en la habitación permite una mayor elasticidad de horarios en las tomas, y el respeto de las exigencias alimenticias de cada niño en particular garantiza el buen desarrollo de la lactancia. También el estar juntos a lo largo del día permite a los padres recibir directamente los consejos adecuados para cuidar al recién nacido y obtener respuestas a sus dudas del personal sanitario. Si son ellos los que se ocupan directamente de su hijo, cuando se trasladen al hogar no será tan difícil, y llegarán a casa con una cierta experiencia y con mucha más confianza.

EL PUERPERIO

Como puerperio se conoce el tiempo que transcurre desde el final del parto hasta la reanudación del funcionamiento ovárico de la mujer. Las dos horas posteriores al parto son las más delicadas del puerperio, durante las cuales la mujer debe estar bajo observación médica. En estas dos horas tiene lugar el cierre de los vasos sanguíneos que irrigaban la placenta, si esto se produce incorrectamente puede dar lugar a hemorragias, aunque ocurre muy raramente.

Este período suele durar de 6 a 8 semanas, o cuarenta días, por eso también se le conoce como cuarentena. Durante este tiempo todas las modificaciones anatómicas y fisiológicas que se habían producido en la anatomía de la mujer vuelven a modificarse, y sufren una involución, restableciendo el estado en el que se encontraba la mujer antes del embarazo, aunque la reanudación de los ciclos menstruales dependerá de si la mujer amamanta al recién nacido o no. De todas formas lo normal es que,

Las madres primerizas suelen tener muchas dudas los primeros días: recuerda que siempre puedes preguntar a tu matrona.

aunque se amamante al pequeño, a los 6 meses se vuelva a tener la menstruación.

Los ciclos menstruales pueden ser irregulares durante unos meses, y no en todos ellos se produce la ovulación. Pero también puede haber ovulación antes de tener la primera menstruación. Por ello, para evitar un embarazo excesivamente cercano al anterior, es importante tomar medidas contraceptivas en el momento de reanudar las relaciones sexuales. La lactancia materna tampoco es garantía alguna para evitar un nuevo embarazo.

¿CUÁNDO ME PUEDO LEVANTAR?

Es importante moverse lo antes posible. Si no has dado a luz con anestesia, te podrás levantar en seguida, pero procura hacerlo de forma progresiva, y sin movimientos bruscos. Primero siéntate en el borde de la cama y luego intenta incorporarte lentamente. Si por el contrario, has tenido un parto con epidural procura mover los pies y las piernas desde las primeras horas, hasta que puedas levantarte, a las 4 ó 6 horas, también gradualmente.

CUIDADOS DE LA EPISIOTOMÍA

Lo más importante es mantener la zona lo más seca y limpia posible. Se debería lavar la zona dos o tres veces al día con jabón neutro, o tomar baños de agua hervida con un puñado de sal gorda. Después es muy importante secar minuciosamente la zona, haciendo presión con una gasa o una compresa de algodón o celulosa. Aparte de la higiene se debe ser cuidadoso con la posibilidad de que la herida aún fresca pueda abrirse si se fuerza en exceso una postura o se la «maltrata», puesto que no sólo se trata de una herida superficial, sino que existen planos musculares más profundos que también tienen que cicatrizar.

La episiotomía tarda de 7 a 10 días en cicatrizar y los puntos se caen solos.

HIGIENE GENERAL

El primer día ya te puedes duchar, no obstante el baño en la bañera, la piscina o la playa no debes realizarlo hasta que los loquios hayan cesado completamente, por riesgo de infección.

Es deseable que la mujer aproveche su estancia en el hospital para descansar porque en cuanto vuelva a casa su ritmo de sueño se verá alterado con las tomas del bebé.

No deberías, bajo ninguna circunstancia, usar tampones. De hecho, no se deben usar tampones hasta que se tenga la segunda menstruación, ya que existe el riesgo de contraer infecciones tremendamente dolorosas.

LOS ENTUERTOS

Los entuertos son las contracciones que experimenta el útero para volver a su tamaño y localización pélvica anterior. Si es tu primer parto puede que ni los notes, pero si ya has tenido hijos los entuertos pueden llegar a ser muy dolorosos. Se intensifican con el número de partos. Su intensidad también varía dependiendo de cada caso individual, como la regla, y resultan más intensos en el momento en que el bebé succiona, o simplemente al estimular el pezón.

HEMORROIDES

Si no estaban ya presentes durante el embarazo pueden acentuarse en esta fase, ya que pueden haber salido a causa de los esfuerzos hechos durante el parto. Se pueden aliviar las molestias aplicando sobre la zona un poco de hielo envuelto en unas gasas. Si los dolores son muy fuertes consúltalo con el médico, puede que te recete un antiinflamatorio específico. La deambulación, la hidratación y la dieta rica en fibra te

LOS LOQUIOS

Los loquios son las secreciones, posteriores al parto, que salen por la vagina. Llevan restos de tejidos uterinos, pequeños coágulos de la herida que deja la placenta en el útero al desprenderse, y exudados de las posibles heridas que pudieran haberse efectuado durante el parto. Lo normal es que los loquios se prolonguen durante unos cuarenta días, y que vayan disminuyendo y variando su aspecto. Durante los primeros días serán más sanguinolentos, después se irán haciendo más parduscos.

No siempre la ilusión y alegría de poder abrazar al bebé podrá combatir la melancolía materna. Es posible que los cambios hormonales la mantengan triste unos días.

ayudan a prevenir el estreñimiento, lo que a su vez impide que la hemorroide se complique aún más.

También puedes experimentar una ligera congestión en el conducto urinario que te dificulte orinar. Esto se debe a los pequeños traumas provocados por la presión que ejerce la cabeza del feto al recorrer el canal de parto. Las molestias desaparecerán espontáneamente al cabo de dos o tres días.

¿Cuándo irse a casa?

El puerperio no es una enfermedad, ni un período de convalecencia, es un proceso natural, como lo es el parir. Por término medio la estancia en el hospital es de tres días, en caso de parto natural, y de siete días en caso de cesárea.

Ahora los hospitales están intentando reducir el tiempo de ingreso de la madre y del hijo, y aspiran a dar un alta precoz, unas horas después del parto, o al día siguiente. Este nuevo sistema, aparte de suponer un considerable ahorro en gastos sanitarios, tiene una gran ventaja que atañe al recién llegado y a la madre: tanto la lactancia materna como la relación madre-hijo y la relación madre-padre-hijo se ven enormemente favorecidas.

La parte psicológica

Los síntomas y la duración del puerperio varían con cada mujer, aunque lo normal es que aparezcan nuevos sentimientos, tan excitantes como confusos, que te pueden llegar a sorprender, e incluso a inquietar. En los primeros días

después del parto te sentirás invadida por una ola de melancolía, puede, incluso, que rompas a llorar sin ninguna causa aparente, o que en algunos momentos te puedas llegar a sentir totalmente vacía. Más de la mitad de las mujeres experimenta cuadros de bajo ánimo tras el parto, sin embargo, no se puede denominar a los mismos de forma genérica depresión posparto, ya que esta es sólo la forma más grave y peligrosa

a la que apenas llega un bajo porcentaje de mujeres. Hay que distinguir por tanto entre bajo ánimo (distimia) o melancolía, y depresión propiamente dicha, que requiere un cuidadoso diagnóstico y su correspondiente tratamiento. Esta depresión se debe a varias causas: los cambios hormonales vuelven a producirse, y con ellos, al igual que al comienzo del embarazo, la parte emocional de la mujer se tambalea. Pero el cambio de hormonas no es ni la única, ni la principal razón de esta tristeza inexplicable e incomprensible. Has dado a luz a un nuevo ser que viene acompañado de muchos cambios. Para empezar ha concluido algo que llevabas esperando desde hacía nueve meses, la tensión nerviosa, las ansias y las ganas de la llegada de este evento se vienen abajo de repente; eso que has esperado con tanta intensidad ya ha terminado, ¿y ahora qué? El equilibrio físico y psicológico que se había creado entre tu bebé y tú durante el embarazo se ha roto. Ya no te pertenece exclusivamente, ya es «del mundo», ya no sois uno. Además de estos cambios de adaptación a un estado completamente nuevo, te sientes muy débil físicamente y esto se manifiesta con una fragilidad emotiva, la cual precisa de cuidados y mimos. Aunque ahora ya no es lo mismo, los cuidados que recibías al estar embarazada, los recibe ahora el bebé, tú ya no eres el centro de atención, y para colmo el ser que es ahora el centro de atención es precisamente al que quieres sólo para ti. Además de tener que separarte del bebé también tienes que asumir

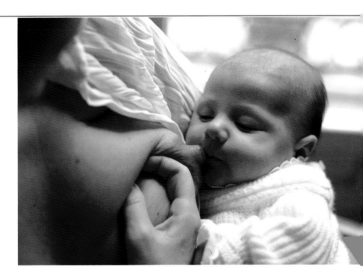

El hecho de amamantar refuerza el mundo emocional entre madre e hijo, creando un vínculo afectivo único y especial.

que todos los cuidados, mimos y atenciones ajenas se las lleve él.

Es un gran cambio en la vida de la mujer, y en la de la pareja.

LA LACTANCIA

La lactancia es sin duda la mejor opción de alimentación para el niño. Esto es indiscutible, pero esta no es ni mucho menos la única ventaja de dar el pecho a tu hijo; aparte de contener propiedades inmunológicas y de prevenir infecciones de las mucosas e intestinales, crea una relación muy estrecha entre la madre y el hijo que no se da si el bebé es alimentado con biberón. Esto lo confirmará cualquier mujer que haya criado a su hijo con leche del pecho. Para la mujer, independientemente del niño, también supone ventajas; una vez pasadas las primeras semanas y sus normales dificultades, todo serán ventajas: es la mejor forma de recuperar la figura previa al parto, y ayuda a que todos los órganos vuelvan a colocarse en su posición habitual.

Siempre está disponible, a cualquier hora y en cualquier sitio, sin necesidad de calentar, esterilizar o preparar nada, y por si esto fuera poco, debe de ser la única cosa que siendo gratis es mucho mejor que cualquiera de su competencia.

DEL CALOSTRO A LA LECHE MADURA			
Análisis en gramos 100g/ml	Calostro	Leche materna de transición	Leche materna madura
Proteínas	2,7	1,6	0,9-1,1
Lípidos	2,9	3,4	3,5-3,8
Carbohidratos	5,3	6,4	7
Minerales	0,31	0,27	0,2
Agua			88
Calorías			60-65

Hay que desterrar los falsos mitos sobre la lactancia como que un pecho pequeño no fabrique leche o que se tenga una leche «pobre». Prácticamente todas las mujeres pueden dar de mamar a su bebé.

EFECTOS DE LA LACTANCIA EN LA RELACIÓN MADRE-HIJO

Cuando se amamanta a un niño, no sólo se le está nutriendo con alimento; en la lactancia está presente otra forma de nutrición: la comunicación corporal, esto es un alimento en sí mismo. Las horas de las comidas entrañan un acto de relación y comunicación, la hora del pecho también engloba la comunicación entre la madre y el hijo; el tacto, las caricias, el lenguaje corporal que expresa el niño indicando que ya está satisfecho o que aún no lo está, las palabras que le susurra la madre al niño, etc. Incluso es muy habitual que, al cabo de varias semanas alimentando al hijo, la leche brote del pecho de la madre apenas le oiga llorar. No hay duda de que la relación del lactante con su madre es mucho más estrecha y gratificante que la de un niño alimentado con biberón. Esta relación hace que el niño asocie la hora de comer con algo mucho más placentero que el simple hecho de aplacar el hambre.

La sociedad occidental tiende cada vez más a convertir las horas de comida en algo rápido y mecánico, que cada vez se ejerce más en soledad. ¿Tendrá ello que ver con que la gran mayoría de las últimas generaciones han sido alimentadas sin el placer de la comunicación?

LA «MODA» DE NO DAR DE MAMAR

Durante el último siglo, especialmente en los años 50 y 60, disminuyó enormemente el porcentaje de mujeres que daban el pecho a sus hijos. Esto de produjo por varios motivos:

Culturales y sociales

Durante el último siglo pediatras y psicólogos comenzaron a introducirse en el terreno de la crianza del niño. Estos argumentaban que las costumbres, hasta entonces basadas en los conocimientos tradicionales de la mujer, no eran las adecuadas y que los niños debían ser criados con reglas y horarios severos. Se impuso entonces la moda de no coger al niño aunque llorase para así educarlo, de poner horarios severos para las horas de las tomas, etc. Esta nueva for-

El calostro

Con el nacimiento del bebé y la expulsión de la placenta, la situación hormonal se modifica radicalmente: la progesterona y los estrógenos que producía la placenta disminuyen de forma brusca, permitiendo la producción de otra hormona, la prolactina, cuya función es la de estimular las glándulas mamarias. Mientras se realiza este proceso de transformación, se segrega un líquido especial llamado *calostro*. Este líquido amarillento y denso es un alimento fundamental para el recién nacido. Su composición química varía día a día para cubrir las necesidades del niño a medida que éstas van cambiando. Su valor nutritivo es muy alto, incluso superior al de la leche, pero sobre todo contiene unas proteínas especiales que defienden al recién nacido de las infecciones. Estos anticuerpos maternos no han podido ser creados en ningún laboratorio, por lo tanto ninguna leche artificial puede ser considerada como un sustituto válido.

Para el niño el hecho de que el calostro sea un alimento tan importante es más que motivo suficiente para ponerlo al pecho cuanto antes, y para la madre la succión precoz favorece la producción de una sustancia que ayuda al útero a recuperarse, y es fundamental para la subida de la leche.

ma de crianza en absoluto ayudaba a la lactancia, ya que ésta se basa en darle el pecho al niño cada vez que lo pide, lo que también alivia a la madre, ya que un pecho muy lleno conlleva molestias.

Medicinales

A mediados de 1800 se empezó a producir leche de forma industrial. El entusiasmo por la ciencia y la técnica indujo a que el personal médico recomendara la leche artificial desde el punto de vista nutricional, incluso por encima de la leche materna. Algo totalmente incierto como se ha comprobado a medida que las investigaciones han ido prosperando hasta el día de hoy en que la leche materna está recuperando su valor, ya que cada día se descubren nuevos beneficios y cualidades antes desconocidas. Sin embargo en aquel entonces la leche artificial se consideró idónea para la alimentación del bebé y esto indujo a su gran difusión.

Con el incremento de la presencia médica y hospitalaria en el proceso del nacimiento, las prácticas cambiaron para la conveniencia más del médico y del centro que de la madre y el niño; separar al niño de la madre nada más nacer, poner horarios a las comidas, biberones suplementarios o de agua con glucosa, separar al niño de la madre durante largos períodos de tiempo, etc.; todo ello, además de impedir un buen comienzo en el desarrollo de la lactancia, contribuyó a que se redujese el porcentaje de mujeres que amamantaban a sus hijos.

Subida de la leche

De la mujer

A medida que los científicos ganaban terreno en el mundo de la mujer, ella se incorporaba al mundo laboral y luchaba por su liberación. Los cambios producidos en el ámbito social y profesional en la vida de la mujer perjudicaron la práctica de la lactancia enormemente. La mujer empezó a alegar problemas en el pecho o el pezón, inconveniencia doméstica o social, cansancio excesivo, enfermedades familiares, escasez de leche, etc., y en algunos casos estos pretextos podrían ser ciertos, pero la realidad es que, siempre que el niño sea acercado a la mama materna lo antes posible para evitar interferencias artificiales y sin que se impongan esquemas u horarios estrictos, casi todas las mujeres tienen la posibilidad de dar el pecho a sus hijos. El tamaño del pecho no influye en la calidad ni en la cantidad de la leche.

LAS PROPIEDADES DE LA LECHE MATERNA

Los estudios sobre las propiedades de la leche materna avanzan continuamente. Cada vez se descubren nuevos beneficios. La OMS (Organización Mundial de la Salud) reitera que la lactancia es la mejor forma de alimentación para el recién nacido, ahora incluso sugiere que la leche materna influye en un mejor desarrollo cerebral del lactante, previene alergias en niños propensos a ellas, y previene también la obesidad.

Cuando los pechos se vuelven turgentes, congestionados, están calientes y duelen, las glándulas mamarias están listas para producir leche. Este fenómeno, que toma el nombre de *subida de la leche,* aparece al segundo o tercer día del puerperio. Es más precoz si se ha puesto al niño al pecho desde las primeras horas después del parto y se produce ligeramente más tarde si el parto se realizó con cesárea o si se trata del primer hijo.

En algunos casos completamente imprevisibles y muy raros, la subida de la leche no se produce debido a un desequilibrio hormonal que impide una producción suficiente de prolactina.

El tamaño del pecho no tiene nada que ver con la cantidad o calidad de la leche: un pecho pequeño puede satisfacer perfectamente las exigencias del recién nacido, al igual que se puede dar el caso de que un pecho grande no llegue a producir la suficiente cantidad de leche para criar a un niño.

Este fenómeno de inicio de la secreción no se manifiesta siempre con tanta abundancia y de manera que la mujer lo advierta; de hecho, la sensación de «subida» puede no percibirse, y el incremento de las cantidades de leche pueden producirse de forma gradual y progresiva.

Diferentes especies precisan diferentes componentes.

Defensas

La leche materna posee defensas contra gérmenes, virus, antígenos patógenos, etc., con los que la madre entra en contacto diariamente. Estos se encuentran en el ambiente en el que la madre reside, y para los que ella crea defensas que se actualizan constantemente, inmunizando a su vez al niño a través de la leche del pecho.

También a nivel intestinal la leche materna es beneficiosa, ya que, además de poseer una sustancia de coacción antibacteriana llamada «lisozima», ayuda a que el intestino del niño segregue una sustancia llamada «Bacillus bifidus», sustancia que mantiene al margen a otras bacterias intestinales.

Debido a la aún inmadura estructura intestinal del niño, al igual que su mecanismo respiratorio, la leche materna previene las alergias y proporciona defensas inmunológicas intestinales.

La lactoferrina presente en la leche garantiza la inhibición del crecimiento de bacterias y hongos. También se ha comprobado que entre los nutrientes de esta leche se encuentran proteínas y lípidos con acción antiinfecciosa y antiinflamatoria.

LOS CAMBIOS EN LA LECHE

La leche materna cambia con el niño adaptándose a cada etapa del lactante.

La leche madura

Una vez iniciada, la lactancia se mantiene gracias a la succión del bebé, la demanda del niño será la que regule la producción y el flujo de leche. Cuanto más succione y estimule el niño el pezón, mayor será la liberación de hormonas que activen la producción de leche. Por otro lado, el vaciamiento del pecho en cada toma supone un estímulo muy importante para la producción de más leche, por lo que es recomendable durante los primeros días completarlo con un método artificial si el recién nacido no ha tomado la su-

Le leche materna actúa como alimento y también como medicina: protege al bebé de infecciones, disminuye el riesgo de muerte súbita del lactante y previene enfermedades futuras como asma, alergias, obesidad, infarto, etc. Además, según los últimos estudios, los bebés que han sido amamantados son más sociables y desarrollan más deprisa su inteligencia.

Durante la lactancia, la madre produce las llamadas «hormonas del amor» (endorfinas, oxitocina y prolactina) que se transmiten al bebé como fuente placentera de bienestar y comunicación.

ficiente leche como para acabar con todo su contenido.

La succión tiene dos efectos:

Estimula una glándula llamada *hipófosis*, que, entre otras funciones, produce las hormonas necesarias para que las glándulas mamarias fabriquen leche.

Estimula la contracción de algunas células ubicadas en el interior del pecho, que tienen por tarea la de empujar la leche hacia el pezón. De esta forma, la zona en la que se produce la leche se vacía y queda libre para producir más.

La cantidad de leche producida cada día aumenta progresivamente durante el primer mes de lactancia y después se estabiliza, del primer al sexto mes, entre 600 y 900 g cada veinticuatro horas.

La leche materna es un compuesto bioquímico muy complejo, en el que cada componente interactúa con los demás, y en el que la concentración de los elementos nutritivos varía de mujer a mujer, incluso en la misma mujer, de semana a semana, de día a día y de toma a toma, adaptándose al lactante. Por lo tanto cuando hablamos de leche madura y de su composición nos referimos a una estructura intermedia.

SUPLEMENTOS Y LECHE MATERNA

La necesidad de beber

Aproximadamente el 80% de la leche materna es agua, así que el niño amamantado por la madre no necesita beber agua, ya que la que ingiere con la leche es suficiente.

Sólo en el caso de que el niño tenga fiebre, diarrea, vómitos o una abundante sudoración, será necesario darle agua. Las bebidas de otro tipo, como pueden ser las infusiones o tisanas, pueden ser perjudiciales para el lactante porque interfieren en la regularidad del ritmo de hambre y moléculas no previstas en la alimentación natural del recién nacido.

Un bebé saciado y feliz dormirá mejor y tendrá un desarrollo más natural engordando y creciendo a un ritmo más controlado.

Las mujeres que dan de mamar tienen menos riesgo de contraer cáncer de mama y ovario, además recuperan antes su peso y sufren menos depresión posparto.

Suplementos vitamínicos

La leche materna contiene todas las vitaminas necesarias para el bebé a excepción de la vitamina D. Para evitar la carencia de esta vitamina y el raquitismo, es necesario que desde los primeros días lleve una vida sana y al aire libre exponiéndole con regularidad a la luz solar. Si el lactante tiene menos de 6 meses será suficiente la exposición a la luz solar durante 30 minutos a la semana si el niño está desnudo, y durante 2 horas a la semana si sólo se exponen las manos y la cara. En niños mayores de 6 meses sus niveles de vitamina D, durante el invierno, suelen estar garantizados por las reservas en el tejido adiposo adquiridas durante el verano.

Si el tiempo es lluvioso, o las condiciones ambientales impiden la exposición a la luz solar hay que completar la lactancia con gotas de vitamina D, aproximadamente unas 400 U.L. diarias.

Si el niño es prematuro, es necesario el aporte extra de vitamina D, incluso si está siendo amamantado y lleva una vida sana al aire libre, ya que el rápido crecimiento de un niño prematuro precisa un aporte adicional de vitaminas para cubrir sus necesidades. El aporte de vitaminas es indispensable cuando el niño es alimentado con leche artificial. Muchos pediatras recomiendan de forma generalizada el empleo diario de suplementos vitamínicos hasta el primer año de vida, independientemente del tipo de lactancia recibida, con el fin de garantizar sobre todo un aporte adecuado de vitamina D.

LA TÉCNICA DE DAR EL PECHO

El niño, al ser acercado al pecho materno, realiza unos movimientos de búsqueda: gira la cabeza de un lado a otro, estimulado por el contacto de su mejilla y sus labios con el seno. Cuando roza el pezón, el niño dirige instintivamente la cabeza y la boca hacia el lugar de donde proviene el estímulo y comienza a succionar. Cuando guíes al niño hacia el pecho es importante que recuerdes que hay que tocar el lado para el cual debe girar la cabeza, y no empujarle desde el lado contrario, ya que esto le confundirá.

El niño succiona el pezón apoyando los labios en la areola; el cierre es casi hermético, favorecido por la presencia de pliegues en la parte interior de los labios. Cuando mueve la barbilla hacia abajo estos pliegues provocan que la leche fluya del pecho materno, entonces la lengua del niño se eleva hacia el paladar; comprime la zona que rodea el pezón y hace que la leche llegue a

Es mejor evitar el biberón en niños que maman: al ser más cómodo, pueden volverse «vagos» para mamar, porque necesitarán una succión más fuerte.

su boca. Tras tres o cinco succiones el niño traga la leche contenida en su boca. Para extraer la leche del pecho el niño debe efectuar tres acciones: succionar, exprimir y tragar; por el contrario, si se le alimenta a través de un biberón sólo ha de hacer el esfuerzo de succionar y tragar, por lo tanto le es mucho más fácil. Por esta razón es importante que no se le dé biberón a un niño alimentado a pecho, aunque la leche que contenga sea materna, ya que se puede negar a volver a mamar del pecho por comodidad.

LAS TOMAS: RITMOS, HORARIOS, CANTIDADES

Ritmos

En los primeros días de lactancia, las tomas son generalmente cortas, de pocos minutos, porque la cantidad de leche producida es menor. Con el aumento de leche, las tomas se van alargando hasta estabilizarse en una duración media de veinte minutos. Este tiempo varía en cada niño: algunos han vaciado el pecho en los primeros diez minutos, y otros se apartan repetidas veces de él, y sus tomas pueden durar media hora. Por lo tanto no es posible decir cuánto tiempo debe durar una toma, esto lo establecerá la relación que adquieran la madre y el niño juntos.

Prolongar las tomas más allá de media hora suele ocasionar problemas en algunos ca-

sos, ya que el pecho puede sufrir grietas, y también puede provocar que el niño encuentre difícil establecer un ritmo adecuado entre las tomas y el necesario reposo. Este ritmo regular también es necesario para que la madre pueda organizar su tiempo.

En cuanto al número de tomas y los horarios también varían con el niño. Casi todos los recién nacidos precisan siete comidas, pero algunos pueden necesitar ocho, y otros seis o incluso cinco. Depende mucho del peso del niño al nacer y también de su manera de succionar, de la regularidad de la secreción láctea y de factores emocionales y afectivos relacionados con el acto de la succión.

Horarios

Es importante no establecer horarios fijos para la alimentación del niño. Los horarios fijos pueden obligar al bebé a comer sin hambre, o a pasar hambre. El dejar que el niño «pida» su comida a través del llanto, o de la forma en que lo haga, ayuda a establecer la comunicación entre la madre y el niño, ya que ambos aprenderán a interpretar y entender el lenguaje del otro. La observación y el discernimiento por parte de los padres les ayudará a conocer en cada ocasión el origen y la causa del llanto: esto es muy positivo para la comunicación entre el hijo y los padres.

El malestar provocado por el hambre es una de las primeras motivaciones que impulsan al recién nacido a entablar una relación con el adulto: la comunicación. Esta es una relación basada en la confianza de obtener una respuesta a una petición manifestada. Cuando se amamanta a un recién nacido sin que él lo haya pedido, el hecho de saciar el hambre deja de poseer su valor comunicativo, y la relación entre la madre y el niño sufre de incomunicación. El no ceñirse a horarios fijos no significa que no se alcance una regularidad de horarios, lo que es necesario tanto para el niño como para la madre, sino que esta regularidad será determinada por ambos en función de las necesidades de los dos.

Al principio no todos los recién nacidos son capaces de aguantar toda la noche sin comer. Para conseguir un horario diurno conviene estimular al niño durante el día para que no duerma demasiado, y así lograr que coma la cantidad de leche que necesita durante las 24 horas. Si se despierta por la noche es que no ha ingerido la suficiente cantidad de alimento que necesita y hay que darle más.

Cantidades

Al principio de la lactancia se recomienda que el niño mame primero de un pecho y luego del otro durante la misma toma.

Esto se debe a que así se estimula la producción de leche en ambos pechos por igual. Cuando la secreción se haya estabilizado es preferible vaciar una mama y pasar a la otra sólo si es necesario, de lo contrario es mejor dejar la otra para la siguiente toma. Esto se debe a que la leche cambia ligeramente entre el principio de la toma y el final; en la parte final las grasas son más abundantes, y dan la sensación de saciedad al final de la toma. Por lo tanto el vaciado completo de la mama garantiza que el niño ingiera una leche más equilibrada.

POSTURAS

Aunque las posturas más utilizadas para dar el pecho al niño suelen ser tumbada o sentada con el niño encima, no existe una postura ideal. Lo mejor es que elijas la postura que más te agrade, siempre que te encuentres cómoda y relajada y el niño pueda agarrarse sin dificultad.

Cuando amamantes sentada, procura tener cómodos los brazos y la espalda bien apoyada.

Si vas a amamantar acostada hazlo de lado, si te es más cómodo sobre cojines y arrimando al niño contra tu cuerpo. Procura tener rela-

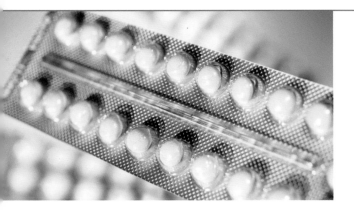

Actualmente existen compañías farmacéuticas que fabrican píldoras anticonceptivas compatibles con la lactancia.

jados los músculos del brazo porque de lo contrario puede disminuir el caudal de la leche.

CONTRAINDICACIONES/FÁRMACOS

Tabaco y alcohol

El alcohol y la nicotina pasan a la leche en grandes cantidades. Los riesgos y efectos de estas sustancias en la leche que pasa al niño dependen de las cantidades ingeridas por la madre. No es posible indicar una dosis límite que asegure el bienestar del niño, pero hay que tener en cuenta que tanto beber como fumar perjudica la salud. Sí es verdad que no se han apreciado efectos nocivos en el niño si la madre toma una pequeña cantidad de vino con las comidas o fuma un pitillo ocasional durante el día. Cuando las cantidades superan estas dosis los efectos perjudiciales en el niño son los de un fumador pasivo, y en la madre afecta a la lactancia en la reducción de la producción y la emisión de la leche.

Café

La cafeína pasa a la leche en pequeñas cantidades. Es aconsejable reducir su consumo.

La píldora

La píldora tradicional altera los nutrientes de la leche y disminuye su producción. Es mejor optar por otras medidas anticonceptivas o adquirir un tipo de píldora que sea compatible.

Tranquilizantes y sedantes

Pueden deprimir el estado de conciencia del bebé, sobre todo el diazepán o cualquier otro fármaco empleado como hipnótico.

Antibióticos

Las tetraciclinas pasan a la leche en la misma proporción que a la sangre materna. La penicilina puede producir alergias en el bebé. Las ampicilinas y cefalosporinas no afectan al lactante.

De forma general podemos decir que cualquier fármaco tomado por la madre pasa indefectiblemente a la leche, de tal forma que siempre se debe consultar al médico la conveniencia o no de un tratamiento.

TU ALIMENTACIÓN DURANTE LA LACTANCIA

El momento de la lactancia no es el más indicado para hacer régimen, en cualquier caso la lactancia te ayudará a perder el exceso de peso en cuestión de 3 ó 4 meses, siempre y cuando no cometas excesos.

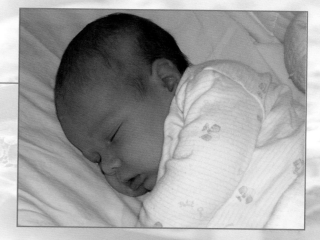

Modera el consumo de cualquier alimento picante o que puede modificar el sabor de la leche mientras estés dando el pecho a tu hijo. Él se sentirá mejor.

Durante la lactancia, al igual que durante el embarazo, no debes comer por dos: con que lleves una alimentación equilibrada, te asegures de ingerir suficiente calcio de productos lácteos y bebas unos 3 litros de líquidos —mejor si es agua— al día será suficiente para que el bebé obtenga lo que necesita.

Hay algunos alimentos que alteran el sabor de la leche, como son las coles de bruselas, los espárragos, las cebollas y el ajo. También debes observar si el bebé se siente molesto cuando comes ciertos alimentos. Si puedes, evita comer estos alimentos en la medida de lo posible.

COMPLICACIONES

Contraindicaciones

Las contraindicaciones en la lactancia natural son pocas y se limitan a casos de enfermedades muy graves que afecten a la madre o al bebé, como pueden ser tumores, cardiopatías graves, malformaciones importantes, SIDA, etc. Enfermedades transitorias como pueden ser una gripe u otras enfermedades de carácter infeccioso no requieren la interrupción de la lactancia.

La miopía, como durante mucho tiempo se creyó, no es un impedimento para la lactancia, como tampoco lo son las caries; no está demostrado que la lactancia empeore ninguno de estos

dos casos. También se consideraba que patologías como las grietas, mastitis, abscesos, etc., eran un impedimento a la hora de poder amamantar a un niño. Aunque es verdad que suponen una molestia, la lactancia es totalmente compatible con ellas, y como mucho serán un impedimento momentáneo. En cualquiera de estos casos lo mejor es dirigirse al médico para que prescriba un diagnóstico apropiado.

Obstrucción mamaria

Con la subida de la leche, a los dos o tres días después del parto, puede producirse un molesto aumento de volumen de una o de las dos mamas, con endurecimiento y dolor al palpar. Este trastorno se puede resolver en pocos días si el niño mama con frecuencia y así vacía el pecho por completo. El aplicar compresas calientes y húmedas en las mamas antes de cada toma puede facilitar el vaciado completo del pecho. También se puede recurrir al empleo de medios mecánicos, como es el saca leches, para vaciar un poco el pecho antes de las tomas y facilitar así la succión al niño al ofrecerle un pecho menos duro y tenso. En último caso se puede recurrir a fármacos específicos, pero esto se produce en muy raras ocasiones.

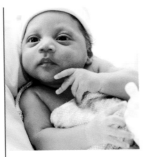

La mastitis

La mastitis es un proceso infeccioso que deriva de una obstrucción mamaria no resuelta. La aparición de la infección va acompañada de síntomas generales como malestar, fiebre, agotamiento intenso, y síntomas locales como dolor, hinchazón o enrojecimiento de la mama. En estos casos es importante conseguir que el niño vacíe el pecho con regularidad y frecuencia.

La mastitis se trata con antibióticos que deben ser prescritos por el médico, que tendrá que considerar la capacidad de los fármacos de pasar al pecho y la tolerancia a ellos que tenga el niño. La lactancia sólo debe ser interrumpida si es necesario intervenir el absceso quirúrgicamente o si el deterioro de la salud materna así lo aconseja.

Las grietas

Las grietas son heridas que se pueden formar en el pezón o en la areola después de unos días de dar el pecho al niño, y es precisamente en ese momento cuando resultan más dolorosas. La formación de las grietas se debe básicamente a un modo incorrecto de amamantar. Para prevenirlo debes tener en cuenta las siguientes pautas:

- Al poner al bebé al pecho conviene que te ayudes de los dedos para comprimir ligeramente la zona que rodea el pezón, y facilitar así su entrada en la boca del niño.
- Cuando finalice la toma, debes introducir un dedo entre los labios del niño para separarle del pezón.
- Las tomas no deben sobrepasar la media hora en cada mama.
- Mantén las mamas siempre secas, y puedes aplicar una crema grasa después de cada toma para mantener los pezones hidratados.
- Las llamadas «maniobras de preparación» del pecho, que en ocasiones se recomiendan antes del parto que consisten en ejercicios de estiramiento o aplicaciones locales de alcohol sobre los pezones, no sólo no ayudan a prevenir las grietas, sino que pueden ocasionarlas, ya que pueden deteriorar los tejidos.

Primeros cuidados del bebé

EGURAMENTE TU VUELTA A CASA ESTÉ LLE-NA DE DUDAS SOBRE TU CAPACIDAD COMO MADRE. EN MUCHAS MUJERES EL INSTINTO MATERNAL NACE CON EL BEBÉ, EL CÓMO COGERLE, CAMBIARLE O ALIMENTARLE LES SALE DE FOR-MA NATURAL, AUNQUE SI ESTE NO ES TU CASO TAM-POCO ES EXTRAÑO: EL CUIDADO DEL BEBÉ SE APREN-DE DÍA A DÍA, Y EN POCO TIEMPO SERÁS UNA EXPERTA EN CÓMO Y QUÉ ES LO QUE TU HIJO NECESITA.

LA HIGIENE

Un recién nacido necesita que se le limpie todo aquello que le pueda irritar o inflamar la piel y las mucosas, especialmente la orina, las heces, la leche y el sudor.

Hasta que el ombligo no esté totalmente cicatrizado no se le debe mojar, así que se puede bañar al bebé en el lavabo con un poco de agua, la suficiente para remojarle la espalda y las pier-nas sin que llegue a tocarle la barriga. Para bañar-le de esta manera es preciso que le sujetes apo-yando su cuerpecito en el antebrazo izquierdo y sujetándole una pierna con la mano izquierda, usando mientras tanto la derecha para lavarle.

De todas formas lo más cómodo duran-te la primera semana será bañarle por partes, prestando especial atención a los ojos, la nariz, las orejas, la cara, las manos, las nalgas y los geni-tales. Aunque, si estas zonas se mantienen asea-das, no es necesario bañar a un bebé a diario, sí

Es bueno que los bebés se familiaricen enseguida con el agua y tengan un ratito para jugar en la bañera cada día.

es verdad que un baño antes de acostarle le ayudará a relajarse y coger mejor el sueño.

EL BAÑO

Es normal que las primeras veces que bañes a tu hijo tengas miedo, pero no hay verdaderos peligros si se respetan algunas normas:

- Hacer las cosas con calma y sin prisa, teniendo a mano todo lo necesario para la higiene y atuendo del bebé.
- Que la temperatura ambiental sea de unos 22° C, y evitar corrientes.
- Preparar el agua de la bañera, a unos 37° C, antes de desnudar al bebé.
- Al desvestir al bebé limpiar las heces y la orina antes de meterle en el baño.
- Sumergir al bebé en el agua manteniendo una mano debajo de la cabeza y la otra debajo de las piernas y el trasero.
- Al bañarle, aguantar la cabeza del bebé con una mano y usar la otra para lavarle.
- Sacarlo de la bañera utilizando las dos manos y envolverlo en una toalla enseguida.

El baño debe ser breve, con el agua a la temperatura adecuada y con poco jabón para no irritar su delicada piel.

- Secarlo con cuidado, prestando especial atención a los pliegues de la piel.
- El mejor momento para el baño es por la noche, antes de darle la última toma, así se le acostará limpio, comido y relajado

.

CAMBIO DE PAÑALES

Existe una amplia gama de pañales de usar y tirar. Al elegir hay que tener en cuenta que:

- La capacidad de absorción no depende del espesor ni del precio del pañal.
- Una capa interior filtrante mantiene más seco el cuerpo del bebé.
- Los cierres regulables garantizan una mayor adherencia.

Si se prefiere usar el pañal tradicional de tejido lavable (que es más barato, pero no más ecológico, ya que el lavado continuo de pañales

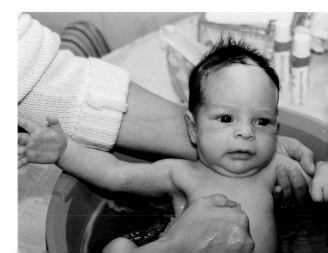

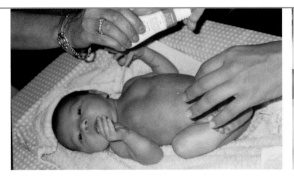
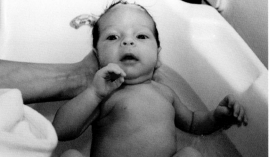

necesita de un uso constante de la lavadora, por lo que la cantidad de detergentes que se desaguan también suponen un daño ecológico importante, similar al gasto de celulosa y además requiere más trabajo) hay que recordar que:

- La piel de los recién nacidos es muy sensible, por lo que al lavarlos es mejor utilizar detergentes específicos y asegurarse de enjuagarlos bien.
- Se le puede añadir una solución desinfectante especial al detergente habitual de la lavadora. Esta también se puede utilizar en la fase de secado de los pañales.

Es conveniente organizar bien el espacio y los objetos dedicados a esta función, de manera que toda la operación resulte lo más rápida y eficaz posible; si se eligen los de usar y tirar, puesto que se trata de objetos bastante voluminosos y que al principio se necesitarán unos ocho al día, es necesario buscar un espacio cómodo para tenerlos a mano.

Desde luego es importante tener un espacio específico con todo lo necesario para cambiar al bebé a mano, ya sea el baño de plástico que también sirve como cambiador en el cuarto de baño, o una cómoda especial para cambiar al niño en el dormitorio.

Si no se tiene la posibilidad de tener un espacio específico, sería conveniente organizar una cesta con todo lo necesario para el cambio de pañales, y que además contenga una manta, una tela impermeable y una pequeña sábana sobre la que apoyar al bebé.

En cualquier caso, antes de colocar al bebé en el espacio donde se le va a cambiar es importante comprobar que se tiene todo lo necesario a mano, ya que nunca hay que dejar solo al bebé en el lugar en el que se le cambia; si es necesario ausentarse, aunque sea sólo un momento, es necesario llevarse al bebé.

LA ALIMENTACIÓN

Cuando la lactancia materna no es posible o no se desea, el niño puede ser alimentado con leches artificiales, llamadas «maternizadas», que se obtienen modificando tanto cuantitativa como cualitativamente la leche de vaca para volverla lo más parecida posible a la de la mujer.

Por desgracia, la lactancia artificial no ofrece las garantías de «protección» características de la leche materna, (los anticuerpos, refuerzo contra las alergias, etc.), ni facilita el establecimiento de esa relación que se entabla espontáneamente durante la lactancia materna. En la actualidad, recurrir al biberón no conlleva ansiedades ni sentimientos de culpa, ya que siempre es posible garantizar al niño un crecimiento correcto y una excelente relación, pese al inconveniente biológico de ser alimentado de un modo artificial. La única ventaja significativa de la leche artificial frente a la materna es que el biberón también lo puede dar el padre, por lo que la tarea del cuidado del bebé estará más compartida, la madre podrá descansar más y el padre creará un vínculo más estrecho con su hijo.

A menudo, la lactancia es de tipo mixto: la alimentación del niño incluye los dos tipos de leche, materna y artificial, o la toma de pecho se complementa con una dosis de leche artificial. Este tipo de lactancia tiene la ventaja de garantizar la estimulación del pecho en todas las tomas, lo cual facilita también la retirada paulatina de la leche.

La lactancia mixta alterna, en la que se intercalan los biberones con tomas de pecho, per-

Tipos de leches

Leches adaptadas: las más empleadas. Su composición es lo más parecida posible a la leche materna, tanto cualitativa como cuantitativamente. Los hidratos de carbono que contienen están constituidos en su mayoría por la lactosa (como la leche materna), y el resto por glucosa y/o maltodextrinas. Estas leches representan, en circunstancias normales, la alternativa más válida para los primeros meses de lactancia.

Leches de continuación: desde el 5º ó 6º mes de vida, sustituyen a las leches adaptadas. Su contenido es más rico en minerales, vitaminas, carbohidratos y ácidos grasos esenciales, de acuerdo con las nuevas exigencias nutricionales del niño, que ya ha madurado la digestión, la absorción intestinal, la función renal, etc.

Leches de soja: se emplean en casos de recién nacidos que sufren intolerancia a la leche de vaca. Se trata de fórmulas en las que el contenido proteico está construido exclusivamente por las proteínas de la soja. Carecen de lactosa y sacarosa. Las grasas son una mezcla de aceites vegetales.

Leches hipoalergénicas (H.A.): las proteínas de origen bovino son sometidas a una fragmentación más o menos completa (hidrólisis por aminoácidos y peptinas) con el objeto de eliminar gran parte de su capacidad para provocar intolerancias. Las leches hipoalergénicas se suministran a niños con antecedentes familiares de alergias, pero aún no se ha confirmado su efectivo poder de prevención.

mite calcular la dosis de leche a suministrar con el biberón más fácilmente, sin tener que pesar al niño (una operación, por otra parte, poco precisa y significativa) para evaluar cuánta ha ingerido cada vez que toma el pecho.

LECHES ARTIFICIALES

Las leches artificiales se denominan también «leches en polvo» porque esta fue su presentación inicial y durante mucho tiempo, aunque hayan sufrido posteriores cambios de formato (actualmente se venden incluso líquidas), se presentaron así. Las leches artificiales líquidas ya están preparadas y tienen una composición mucho más estable; su único inconveniente es que el período de caducidad es más limitado, debido a las posibles alteraciones de calidad vinculadas a la esterilización. Su empleo se está extendiendo, pero el producto más empleado actualmente en Europa sigue siendo la leche en polvo.

EL BIBERÓN

Si te preguntas cómo preparar bien el biberón, te lo contamos detalladamente:

PRIMER PASO

Las leches artificiales en polvo deben disolverse en agua, por lo que es necesario medir la cantidad del producto a añadir, que suele corresponder al 13%, es decir, 13 g en 100 ml. Para ello, los envases de la leche en polvo contienen un medidor de 4,5 g que se llena hasta el borde sin presionar; puedes ayudarte de un cuchillo para nivelar el borde.

- Hervir el agua y entibiarla, (el agua debería tener un bajo contenido de minerales, incluso la del grifo) y verterla en el biberón.
- Añadir la leche en polvo al agua.
- Cerrar el biberón y agitarlo hasta que el polvo se haya disuelto.

Conviene preparar la leche en el momento de dar el biberón. Si es indispensable prepararla con antelación, hay que guardarla en el frigorífico (donde no puede permanecer por un tiempo superior a 24 horas).

Cuando sea necesario preparar el biberón fuera de casa, puede ser preferible llevar el agua caliente en un termo y añadir la leche en polvo en el momento, antes que transportarla ya mezclada.

SEGUNDO PASO

Al igual que para dar el pecho, para dar el biberón no existe una postura única o idónea, y la preferible es la que resulte más cómoda para el niño y la persona que le alimenta en cada ocasión. Sólo es importante procurar que el biberón, a medida que se vacía, mantenga una inclinación suficiente para que la tetina esté siempre llena de leche y el niño trague la menor cantidad de aire posible. Los biberones actuales han sido estudiados para reducir al mínimo la ingestión de aire durante la toma.

Para hacer que el niño ejerza más presión y succione con más energía, puede ser útil agarrar con fuerza el biberón y tirar ligeramente de él. Es muy importante evitar que el niño chupe con la tetina vacía ya que tragaría aire, de modo que se debe mantener el biberón siempre con una cierta inclinación para que el líquido llene por completo la tetina. Si el niño no se irrita, conviene parar de vez en cuando para que tome aliento, aunque es bien sabido que la especial disposición de su laringe durante los primeros meses de vida le permite respirar al mismo tiempo que deglute, capacidad que se pierde con posterioridad. Haciendo esto, se cansa menos, la toma tiene una duración más adecuada (15-20 minutos, más o menos lo mismo que dura una toma de pecho) y se puede eliminar, en la mitad de la toma, el aire que el niño inevitablemente ingiere, reduciendo así las molestias vinculadas a una excesiva dilatación gástrica al final de cada comida.

Tercer paso

Lavar bien el biberón y aclararlo repetidamente para eliminar por completo los restos de jabón. Lavar y restregar también la tetina de goma. Es preferible lavar el biberón inmediatamente después de usarlo para evitar que queden restos de leche pegados a las paredes, que serían más difíciles de limpiar una vez secos.

Al abrir el envase de la leche, evitar tocar el polvo con las manos. Volver a cerrar herméticamente el paquete después. Guardarlo en un sitio fresco y seco, pero no en el frigorífico.

Tetinas

La tetina es la parte más importante del biberón. Conviene que se elija con atención. En el mercado existen muchos modelos, tamaños, formas que se fabrican en caucho o silicona. Las de silicona son más caras, pero duran más al ser este un material más resistente al calor de la esterilización.

Es importante que la tetina corresponda a la edad del bebé. Y conviene que su forma recuerde todo lo posible al pezón materno. Se encuentran tetinas antihipo y anticólicos. Estas últimas tienen en la base una pequeña válvula que regula la introducción del aire, presente en el biberón, con la succión del bebé.

El agujero debe ser el correcto, ni demasiado grande ni demasiado pequeño. En vez de agrandar el agujero si notas que tu hijo se cansa

Una forma más cómoda de preparar el biberón es usar agua mineral envasada en lugar de tener que hervir la del grifo. Existen en el mercado aguas especiales de mineralización baja para el uso en alimentación infantil.

al succionar, es recomendable comprar una nueva tetina. Los fabricantes cuidan mucho el diseño de sus tetinas, más de lo que la madre puede lograr con una aguja caliente. Además, la succión no debe cansar al pequeño, pero tampoco la leche debe llegarle sin esfuerzo. En este caso, tragaría aire y no ejercitaría suficientemente los músculos de la boca.

Con el uso y el calor, la tetina se vuelve blanda e incluso pegajosa. Con un tirón de dientes, se puede desgarrar con el riesgo de que el bebé se trague el trozo de caucho. Es conveniente cambiar las tetinas al menor signo de deterioro.

La esterilización

La lactancia artificial obliga a seguir escrupulosamente todas las normas de esterilización y conservación del alimento que ofrecemos al niño. Estas normas hay que seguirlas durante al menos seis meses. El pediatra indicará hasta cuándo basándose en el estado de salud del bebé.

La esterilización por calor

Consiste en hervir los biberones y las tetinas durante 20 minutos. Puedes proceder a la esterilización en una cazuela o en una olla especial. Aunque la esterilización por vapor de agua es un método más rápido. Se logra con un esterilizador eléctrico o para el microondas. Este método tarda alrededor de 10-12 minutos.

La esterilización en frío

Los biberones, tetinas, chupetes y juguetes pequeños se sumergen en un recipiente especial con agua y una solución química adquirida en la farmacia o tienda de puericultura. Al cabo de hora y media, la esterilización será perfecta. Aunque si el material se mantiene durante más tiempo en la solución desinfectante no pasa nada.

En el momento de utilizarlo se enjuaga con agua mineral o esterilizada; esta maniobra no es indispensable, pero elimina el olor a desinfectante que tiene la solución. Este sistema de esterilización, llamado método Milton, es recomendado por su eficacia y sencillez por un buen número de pediatras.

La temperatura de la leche

Aunque calentar la leche no es indispensable, muchos padres prefieren hacerlo para dársela al niño a la misma temperatura en que la tomaría si mamara. Para que esté a su gusto, basta con sacar el biberón de la nevera, en caso de que ya esté preparado, media hora antes, sin quitarle la tapa, dejando que se temple por sí solo a la temperatura ambiente. Si se prefiere calentar, se puede hacer al baño María, en un calientabiberones, o en el microondas, aunque esta última opción es la menos recomendable, ya que al no calentar de forma homogénea, puede causar que el niño se queme si no se agita bien antes. Antes de darle el biberón al bebé comprueba la temperatura echándote unas gotas en la parte interior de la muñeca. No debes sentirla ni fría ni caliente. En el mercado también existen calientabiberones portátiles que se conectan al mechero del coche y tienen el tamaño idóneo para un biberón o un tarrito de puré. Son muy cómodos para viajar.

LAS HECES DEL NIÑO ALIMENTADO CON BIBERÓN

Con la ingestión de leche artificial, las heces semilíquidas que el niño expulsa cuando toma únicamente el pecho se vuelven más sólidas, llegando a ser compactas cuando la alimentación es exclusivamente artificial.

El cambio de aspecto de las heces al introducir leche artificial en la alimentación del recién nacido es totalmente normal y no debe interpretarse en ningún caso como estreñimiento.

La frecuencia de las deposiciones disminuye; en general, se producen una sola vez en todo el día. El color adquiere tonos ocre-mostaza.

Con las leches artificiales es posible (algo que nunca ocurre con la leche materna) que las heces se vuelvan demasiado duras y secas, hasta derivar en un auténtico estreñimiento: en tales casos es conveniente revisar la alimentación del niño.

MOLESTIAS NORMALES

Un bebé perfectamente sano también puede tener pequeños problemas, que se podrán resolver fácilmente. En general no son cosas preocupantes pero, de todas formas, si estos pequeños problemas son causa de ansiedad en los padres es preferible acudir al pediatra, que sabrá dar toda la información necesaria para tranquilizarles.

CÓLICOS

Existe un llanto, bastante habitual entre los recién nacidos, ante el cual parece no haber nada

Una vez que se ha comprobado que se trata de cólicos, es inútil volverse loco buscando un remedio, es mejor intentar aceptar la situación dentro de lo posible, sabiendo que se trata de un problema que en cualquier caso está destinado a desaparecer por sí solo en un tiempo máximo de unas doce semanas y no deja secuela alguna.

Mientras tanto, para aliviar la sensación dolorosa puede resultar útil hacerle unos leves masajes en el abdomen; tumbar al niño boca arriba y con la palma de la mano presionar ligeramente el abdomen, aplicando un masaje con movimientos circulares.

Otra forma para intentar calmarlo es la de colocar al bebé con la barriga hacia abajo y sobre las rodillas: si se le mece y se le acaricia suavemente la espalda, puede sentir un cierto alivio y tranquilizarse. Los famosos biberones de agua hervida con anises no son recomendados desde hace tiempo por una posible relación con la aparición de ciertas patologías graves.

que lo calme. Es un llanto que normalmente empieza sobre las tres o cuatro semanas de vida, que cada vez se hace más frecuente y angustioso, y que tiende a aparecer en horarios regulares, generalmente hacia la noche. En este caso es probable que el bebé padezca cólicos. El término cólico no indica, en esta situación, una enfermedad específica, no se conocen la causas concretas ni consecuencias dañinas, y no existen tratamientos especiales. Se trata más bien de una fase del crecimiento del recién nacido caracterizada por esta molestia nocturna y sólo se puede esperar a que pase.

En cualquier caso, no hay que cometer el error de atribuirle a los cólicos cualquier llanto nocturno del recién nacido.

Síntomas de los cólicos

- El bebé llora enseguida después de su comida nocturna.
- Chilla y dobla las piernas sobre el abdomen como si tuviese un dolor de barriga.
- Nada le tranquiliza durante más de un minuto.
- Los episodios duran una hora o más, pero una vez que terminan no vuelven a aparecer hasta el día siguiente.
- Los episodios se repiten cada día sobre la misma hora.

Eructos y regurgitaciones

La regurgitación es un fenómeno frecuente y normal que se produce en los lactantes justo después de comer, y se debe a que, junto con la leche, también ingiere aire. Esto produce una excesiva dilatación del estómago, lo que provoca que junto con los normales y saludables eructos que el recién nacido suele emitir después de cada comida, también expulse pequeñas cantidades de leche que normalmente alarman mucho a sus padres.

En general, el aire es eliminado a través del eructo; para facilitarlo, es útil mantener al bebé en posición vertical después de la toma, pero sólo durante unos minutos.

Tampoco conviene mover mucho al niño o acostarle inmediatamente después de comer. En caso de acostarle, es aconsejable tumbar al pequeño sobre el costado o boca abajo para evitar que pueda atragantarse con las regurgitaciones.

Si la regurgitación es muy abundante puede deberse a distintas razones, que tienen fácil solución y será el pediatra quien las estime.

Hipo

El hipo es muy común en los recién nacidos, y se origina debido a las súbitas e irregulares contracciones del diafragma. Suele producirse después de comer o cuando el bebé tiene hambre, ya que, en este caso, el estómago vacío ejerce presión sobre el diafragma. El hipo permite que los músculos que intervienen en la respiración se fortalezcan, lo que es perfectamente saludable y normal.

Para interrumpir el hipo puede ayudar el darle de beber un poco de agua al bebé. En general, suele remitir cuando el bebé mama o succiona del biberón.

Irritaciones producidas por el pañal

Debido a los pañales, es muy común que el culito del bebé se irrite o enrojezca de vez en

Causas de las regurgitaciones

- Si ha comido demasiado.
- Si ha mamado estando en una posición demasiado estirada.
- Si se le ha movido con algo de brusquedad justo después de comer.
- Si ha llorado demasiado antes o durante la comida, tragando así un exceso de aire.
- Si se ha colocado mal el biberón, o la tetina, permitiendo un exceso de entrada de aire junto con la leche.

EL SUEÑO

Quizá el sueño, o la falta de él, sea la queja más frecuente entre los padres de un recién nacido.

El silencio absoluto no le conviene a alguien que, durante tantos meses de vida uterina, ha sido acunado por los latidos del corazón de la madre. Es más fácil que algunos ruidos de fondo regulares y reconfortantes faciliten el sueño de los bebés. Este es el origen de las nanas, que se usan para dormirlos en todo el mundo. En cualquier caso, nunca es posible «obligar» a dormir a un bebé. Sólo teóricamente, los recién nacidos suelen dormir de 16 a 18 horas de las 24 que tiene el día; un bebé de tres meses duerme unas 15 horas; uno de seis meses, al menos 12 horas. Pero un bebé casi nunca sigue estos baremos: dormirá exactamente el número de horas que necesite.

En sus primeras semanas de vida, los bebés pasan del sueño a la vigilia y viceversa de forma tan imperceptible que a veces es difícil saber si están durmiendo o no. Pueden amodorrarse mientras maman o, por el contrario, agitarse mientras duermen emitiendo pequeños gritos. A veces parece que tienen dificultades

cuando. No debes preocuparte, pero sí tomar algunas medidas para evitar la irritación:

- Cambia los pañales del bebé muy a menudo.
- Limpia y seca los pliegues de la piel concienzudamente.
- Cuanto más tiempo esté sin pañales, mejor.
- Usa una crema especial para la irritación producida por los pañales.

En algunos casos la irritación puede llegar a ser muy extensa produciéndose lo que se denomina dermatitis del pañal y siendo necesaria la consulta al pediatra para su tratamiento. Si bien la piel de cada niño es diferente, hay que tener cuidado con las marcas comerciales baratas cuya celulosa de baja calidad favorece la aparición de este tipo de cuadros. Se pueden probar varias marcas hasta dar con una que su piel tolere bien.

La dermatitis del pañal presenta enrojecimiento e irritación en esa zona. Para prevenirlo, lo mejor es mantener siempre seco el culito poniendo especial cuidado en los pliegues, y usar una pomada de óxido de zinc en cada cambio de pañal.

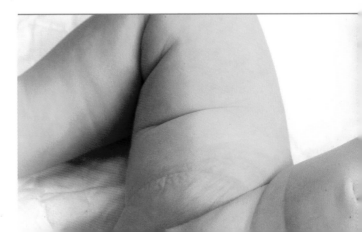

Un poco de disciplina horaria no vendrá mal si se acostumbra al bebé a hacer todas las noches la misma rutina antes de irse a dormir. Su cerebro se estructurará para quedarse dormido después. Cada hora de su plácido sueño será un regalo para sus padres.

para salir del sueño y se comportan como si estuviesen asustados por haberse despertado, aunque en este caso con unas caricias bastará para tranquilizarlos.

Aunque esta mezcla de sueño y vigilia es normal y se debe a los hábitos que el bebé adquirió dentro del vientre materno, sí se puede ayudar al bebé a diferenciar mejor las horas de sueño de las de vigilia, y entre las siestas y el sueño nocturno. Los recién nacidos que aprenden pronto a estar totalmente despiertos o totalmente dormidos, de noche probablemente dormirán durante más tiempo seguido. Por eso es mejor meterlo en la cama cuando el bebé se duerme, y por el contrario, mantenerlo despierto y activo en las horas de vigilia: esto ayuda a que el bebé distinga y asocie la diferencia entre cama-sueño y compañía-vigilia. Del mismo modo es importante que comience a distinguir entre el descanso nocturno y la siesta diurna, por lo que siempre mantendremos algo de luz en la habitación durante esta última.

Normalmente el sueño del recién nacido se interrumpe a causa de sensaciones físicas, sobre todo por hambre. Se despierta porque no puede pasar toda la noche sin comer ni beber. Pero si se prepara antes todo lo necesario, se puede conseguir que las comidas nocturnas sean breves, sin que el bebé se llegue a despertar por completo. Todo esto le ayuda a diferenciar entre el sueño nocturno y las siestas diurnas, acelerando el aprendizaje de otra importante asociación: la de luz-vigilia y la de oscuridad-sueño.

PROBLEMAS DE SUEÑO

Alrededor de las seis semanas de vida, el uso de los sentidos por parte del bebé alcanza tal nivel de intensidad que le provoca una especie de impaciente curiosidad por el mundo. Sin embargo, este estado de vivacidad y excitación, óptimo para su desarrollo sensorial, puede provocarle dificultades para dormir. En este período el bebé necesitará que se le ayude cada día a separarse gradualmente de la excitación mental de la vigilia: habrá que atenuar los estímulos a los que está expuesto; la presencia de extraños, una luz intensa, ruidos excesivamente altos, y al mismo tiempo crear una rutina que preceda al sueño: el baño, un masaje, una nana, y la última toma, por ejemplo.

La inquietud o ansiedad de los padres es inmediatamente percibida por el bebé, y provoca en él la misma sensación que ellos tienen, lo cual le altera e impide que se quede dormido. Si lo padres están cansados, algo muy natural en estos primeros meses de vida de su bebé, puede ser útil intentar utilizar estos momentos como una ocasión para relajarse. Ayuda ponerse en una posición cómoda, intentar relajar los músculos y poner en práctica los ejercicios de respiración que se aprendieron en las clases de preparación al parto. Canturrear o incluso simplemente hablar al bebé, con voz tranquila y monótona, es un buen sistema para la tranquilidad de todos. Puede pasar que el adulto se duerma antes que el bebé, pero incluso esto es algo que favorece el sueño del bebé.

SUEÑOS

Los recién nacidos sueñan por lo menos durante la mitad del tiempo que duermen. Es más, gracias a los estudios neurológicos sobre las fases del sueño, hoy en día sabemos que los bebés ya empiezan a soñar en la barriga de la madre, alrededor de la semana 23ª. Después del nacimiento, las nuevas sensaciones de hambre, de haber comido, de calor y de frío, de incomodidad y de bienestar entrarán a formar parte de los sueños, estructurándolos de manera cada vez más compleja, y traduciéndose en toda una serie de curiosas muecas que se dibujan en el rostro del bebé mientras duerme.

EL LLANTO

Para el recién nacido el llanto es la principal forma de comunicarse. La mejor manera para detener el llanto de un bebé es aprender a entender lo que está tratando de expresar, aunque esto no siempre resulta fácil. Por lo tanto, ante el llanto de un bebé es conveniente analizar las posibles causas, intentando no dejarse vencer ni por el nerviosismo ni por el pánico.

El hambre suele ser el motivo más obvio y también el más sencillo de resolver. Si un recién nacido tiene hambre, no hay ningún truco que pueda hacer que deje de llorar, salvo alimentarle.

El dolor físico hace llorar a un recién nacido desde sus primeros días de vida. En general, cuando aparece el dolor, el llanto asume una intensidad y un ritmo determinados, muy diferentes a los del llanto del hambre o de miedo. A menudo será difícil entender cuál es la «dolencia», pero el hecho de que el niño esté sufriendo algún dolor será instintivamente evidente.

Estímulos demasiado fuertes o imprevistos, un ruido fuerte, una luz demasiado intensa,

Trucos antillanto

Los verdaderos problemas surgen cuando, a pesar de todo, no se consigue descubrir la posible causa del llanto para ponerle remedio. Entonces se puede intentar una de las siguientes técnicas:

Un sonido rítmico y bajo (como el del latido del corazón) puede resultar útil: muchos recién nacidos se tranquilizan con el ruido sordo de un motor, de un electrodoméstico o una música de fondo.

El sonido es más eficaz si está acompañado de movimientos rítmicos, como el de mecer, que se puede conseguir simplemente caminando con el bebé en brazos. No es una casualidad que en las sociedades menos frenéticas que la nuestra a los recién nacidos se les tenga entre los brazos la mayor parte del tiempo o incluso que se les lleve a la espalda durante meses y años.

El chupete no calmará a un bebé que tiene hambre, pero puede tranquilizarle si llora por una incomodidad de otro tipo. De todas formas, si se decide que le puede ir bien, es mejor no dárselo cada vez que llora.

A veces no hay más que subir un poco la temperatura de la calefacción en la casa en la que vive un recién nacido para conseguir que esté más tranquilo. También se le puede dar calor con el propio cuerpo, si lo que está es algo destemplado. Hay recién nacidos que se irritan cuando tienen que hacer este «trabajo» extra. Por el contrario, es raro que el calor moleste a un recién nacido, si tiene la posibilidad de beber lo suficiente y si lleva ropa que le permita transpirar libremente.

Una de las causas más comunes del llanto de los bebés es que tengan los pañales sucios o mojados. Compruébalo siempre antes de asustarte.

etc., pueden provocar crisis de llanto que a menudo no duran mucho.

Sensaciones de incomodidad pueden irritarlo hasta hacerle llorar.

El frío o el viento pueden hacer llorar a un bebé incluso cuando no representan ningún peligro para su salud.

Muchos bebés lloran cuando se les desviste. En este caso no es tanto una cuestión de temperatura, sino de la sensación de no estar protegidos. Un recién nacido puede estar tranquilo si se siente bien envuelto, pero no apretado, en un chal.

El contacto físico es muy importante para todos los recién nacidos. Los bebés también lloran porque quieren que les cojan en brazos; mecer a un bebé es la cosa más natural del mundo y no significa que se le está maleducando.

LAS HECES Y LA ORINA

LAS HECES

Las primeras heces del recién nacido son espesas y negras, llamadas meconio, y son debidas a lo que ha ingerido durante la gestación. Al iniciarse la alimentación fuera del vientre materno se vuelven de color negro-verdoso o verde intenso. Este tipo de heces pueden durar un par de días. Posteriormente las heces serán semifluidas, grumosas y frecuentes. El olor y la composición de las heces varía si el niño es alimentado con pecho o con biberón.

Alimentado con leche materna

Las heces son normalmente de color amarillento, pastosas y con un leve olor de leche ácida. Suelen evacuar varias veces al día, aunque la frecuencia de las deposiciones en este caso son muy variadas.

Alimentado con biberón

Estas son más sólidas, el color es más oscuro, marrón, y el olor mucho más fuerte, es decir, más parecidas a las heces de un niño mayor. Las evacuaciones son menos frecuentes que en los niños alimentados con pecho, lo normal es una vez al día. Si se presentan a distancia de algunos días y son más bien duras, puede ser que el bebé necesite más agua o más azúcar, que ayuda a la fermentación de las heces en el intestino y las hace más blandas. Por el contrario, las heces un poco líquidas pueden estar provocadas por un exceso de estos dos componentes. Antes de introducir cualquier alimento nuevo, o cambio de leche artificial hay que consultar con el pediatra. Nunca se debe probar a cambiar la leche simplemente por experimentar.

Gastroenteritis

Cuando un bebé presenta una diarrea repentina, con mayor razón si está acompañada de vómitos o fiebre, hay que consultar al pediatra: podría tratarse de una gastroenteritis, una enfermedad que puede ser peligrosa, sobre todo en los primeros días de vida, ya que el bebé puede deshidratarse rápidamente.

LA ORINA

Lo normal es que un recién nacido moje a menudo los pañales. Si no es así, y el niño después de dos horas del último cambio de pañales sigue estando seco, hay que prestar atención, puede suceder que esté eliminando líquidos por otras vías, como el sudor, pero si no es así es probable que le esté subiendo la fiebre.

Si hace mucho calor y la orina es fuerte y concentrada, el bebé necesitará beber más agua. En caso de que el lactante sea alimentado con leche materna, éste necesitará mamar más a menudo. También en este caso, si al darle más líquidos el fenómeno se acentúa en lugar de disminuir y la orina tiende a oler mal, hay que consultar al pediatra porque podría tratarse de una infección de las vías urinarias.

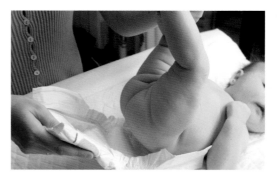

Primer mes

Durante el primer mes el bebé se guía fundamentalmente por sus reflejos: el de búsqueda le orienta hacia el pecho materno, el de succión le enseña a mamar, el de marcha le impulsa a dar unos pasos si le sujetan en vilo, el de agarrar le lleva a apretar el dedo que se le pone en la palma de la mano, el de precaución le hace abrir brazos y piernas para buscar un agarre, cuando teme caerse.

El bebé nace con los cinco sentidos bien despiertos, aunque el de la vista tarde un tiempo en desarrollarlo completamente; en cambio, el olor y la voz de la madre, que reconoce perfectamente, le atraen poderosamente. El problema de la visión en un recién nacido no es que sus ojos funcionen mejor o peor, sino que es su cerebro (donde realmente se ve) el que aún no tiene la suficiente madurez para interpretar la señal que le llega y que puede ser perfecta. Dicho de otro modo, el bebé tiene que aprender a enfocar, a distinguir entre las figuras y los colores y a poder asociar y memorizar las imágenes. Una persona ciega desde el nacimiento que siendo adulta desarrollara la visión, tendría que pasar por un proceso similar de aprendizaje

El recién nacido puede diferenciar los cuatro sabores básicos: dulce, salado, ácido y amargo. Esta capacidad la desarrolla dentro del vientre materno.

Qué hace

- Si está boca abajo, el bebé consigue levantar la cabeza unos instantes.
- Se pasa casi todo el día durmiendo.
- Se comunica a través del llanto: llora si tiene hambre, o si está incómodo.
- Su puño se mantiene cerrado.
- Le tranquiliza oír la voz de su madre, y aprende a mirarla.

Peso y talla aproximada: Desde 3,3 kg y 50 cm al nacer, hasta 4 kg y 53 cm a fin de mes.

Qué puedes hacer

- Colocar un móvil en su cuna para que se distraiga y aprenda a enfocar la vista.
- Ponerle música. Se ha apuntado que los bebés tienen predilección por la música barroca y la de Mozart. Aunque le gustará y tranquilizará la música que haya escuchado mientras estaba en el vientre materno.
- Mirarle a los ojos cuando le alimentas. Ayuda a entablar una comunicación no verbal.
- Hablarle y cantarle con suavidad, te escuchará atentamente.
- Cuando llore es bueno acunarle y hablarle muy bajito, casi en susurros.
- Después del baño es bueno darle un masaje, le relaja, y ayuda a la circulación.

Segundo mes

Durante este segundo mes, la adaptación de tu bebé a la vida extrauterina se consolida. Su piel ya no se escama. El millium desaparece. A pesar de ello, sigue llorando bastante incluso de noche. Puede sufrir cólicos, regurgitaciones e hipo.

Qué hace

- Durante el segundo mes el bebé sobre todo duerme, mama y llora, al igual que ha hecho durante el primer mes de su vida, pero ahora empieza a ser algo más receptivo y sociable; hacia las 8 semanas aparece la sonrisa social, hasta entonces sonreía por satisfacción, pero ahora lo hace al ver a alguien que le gusta, o cuando se le habla, y además empieza a responder emitiendo sonidos y gorjeos. Ahora su llanto va acompañado de lágrimas.
- Ve menos borroso y puede seguir un objeto que mueves delante de él en horizontal (no en vertical). Tal vez aún no coordine bien el movimiento de ambos ojos, porque los pequeños músculos que los mueven aún tienen que madurar, pero distingue colores vivos.
- Ha ganado tono muscular; si le tumbas boca abajo levanta la cabeza para mirar a su alrededor. Si está boca arriba y te acercas, estira los brazos y te toca la cara.
- Empieza a abrir sus manos, que antes mantenía constantemente cerradas. Puede sujetar un sonajero y patalear en el agua cuando le das un baño.

Qué puedes hacer

- Ponerle boca abajo a ratitos (siempre cuando está despierto y acompañado) para fortalecer los músculos de la espalda.
- Hablarle con un tono de voz agudo y mirarle a los ojos.
- Provocar su sonrisa y responder con entusiasmo y alegría a ella.

Peso y talla aproximada:
4 kg y 53 cm al iniciar el mes; unos 4,9 kg y 57 cm al acabarlo.

Tercer mes

En este mes suelen desaparecer los incómodos cólicos, su horario de sueño y comidas es más regular, y ya no precisa la toma nocturna. Aumenta su agudeza y su campo visual, aunque aún sigue viendo borroso lo que está más lejos de 2-3 m, ya empieza a distinguir colores como el rojo y el azul, y puede enfocar lo que está a menos de 10 cm, esto le permite observar lo que coge y descubrir sus propias manos; empieza a tomar conciencia de sí mismo.

Qué hace

- Concluido el tercer mes, los progresos del bebé son asombrosos. Su cuerpecito ya no se tambalea como antes; sostiene perfectamente la cabeza cuando le llevas en brazos.
- Sonríe con facilidad y emite sonidos alegres cuando está solo en su cuna.
- Se lleva las manos a la boca, las gira delante de sus ojos y las mira.
- Ya te reconoce con la mirada. Cuando te acercas a hablarle, te mira fijamente a los ojos y responde a tus palabras con balbuceos muy expresivos, distingue tus expresiones tristes o alegres y parece contagiarse, imitándolas. También puede imitar sonidos simples, como «aju» o «ajo», si se los repites varias veces.
- Si le haces cosquillas probablemente se reirá a carcajadas, si no lo hace a los tres meses lo empezará a hacer al cuarto o al quinto mes.

Qué puedes hacer

- Poner en su mano un juguete blando para que lo agite y lo chupe.
- Pasar su mano abierta sobre tu cara. Pasar tu dedo sobre sus facciones.
- Agitar lentamente, delante de él, un juguete sonoro para que lo siga con la vista.
- Hablarle y esperar a que te conteste con ruiditos. Abre la boca, saca la lengua y anímale a imitarte.

Peso y talla aproximada: 4,9 kg y 57 cm al iniciar el mes. Unos 5,8 kg y 60 cm al acabarlo.

Cuarto mes

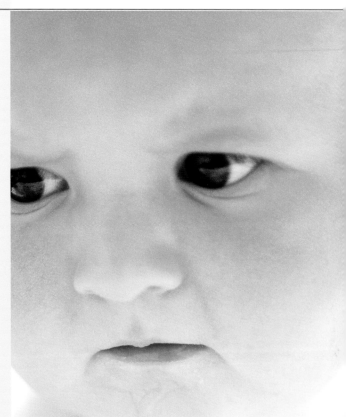

Aunque ya sujeta los objetos con ambas manos e intenta alcanzarlos cuando los ve (aún le cuesta acertar con la distancia) o golpear con ellos para experimentar qué es lo que sucede, no son las manos, sino los labios y la lengua, su principal órgano de exploración táctil: chupando se hace una idea de cómo son las cosas, a qué saben, e incluso puede calibrar su tamaño y su peso. Es conveniente dejarle chupar y experimentar con los objetos; de esta forma desarrolla su inteligencia, el descubrimiento de la ley de causa y efecto es un gran avance intelectual. Además, el chupar es una actividad relajante en sí misma. Si se chupa los puños con fruición pero está tranquilo, no es por hambre.

Qué hace

- Le gusta estar más incorporado en su sillita participando de la vida familiar, sobre todo si tiene hermanitos. Presta atención a vuestras conversaciones, sonríe cuando le decís algo, y os sigue con la mirada si os movéis (ve más lejos y coordina ambos ojos, aunque a veces puede parecer bizco).
- Al ver el biberón abre la boca, anticipándose a lo que sabe que viene y si está llorando por hambre, en cuanto lo ve, se calla.

Qué puedes hacer

- Colgar juguetes de su sillita para que los pueda tocar y coger.
- Ponerle música y canciones infantiles.
- Jugar con él sosteniéndole en el aire; esto le hará reír.
- Hablarle mirándole a los ojos.

Peso y talla aproximada: 5,8 kg y 60 cm al iniciar el mes. Unos 6,6 kg y 62 cm al acabarlo.

VUELTA A LA NORMALIDAD

LOS CAMBIOS EN LA PAREJA

Cada pareja tiene su propia historia, y cada historia muestra esa llamada interna que finalmente nos convierte en padres, a pesar de nuestros temores iniciales hacia esa vida desconocida.

Normalmente, los padres tardan un tiempo, de entre 6 y 12 meses, en asimilar y tomar las riendas de este nuevo papel y de su nueva vida. Todo el mundo que ha experimentado la paternidad, asegura que no hay nada que te pueda preparar para el enorme cambio, físico y emocional, que esta nueva experiencia representa. De todas formas, en la segunda mitad del primer año de vida del bebé, las cosas empiezan a tranquilizarse y a ponerse en su sitio.

El nacimiento del bebé cambia la relación de la pareja para siempre. Aunque puede, y suele, enriquecerla, hay muchas cosas en este momento de la vida que pueden causar estrés. Por ejemplo, la falta de sueño durante semanas y meses, pueden hacer mella en la irritabilidad y el humor de los padres, especialmente si el bebé no duerme demasiado bien. La falta de experiencia puede hacer que uno de los dos adopte una actitud defensiva y crítica con respecto a su pareja. Un problema como los cólicos puede impedir que se actúe de forma racional, llevando a los ya desgastados padres al límite de su

La comunicación y el cariño deben ser los pilares sobre los que se sustente vuestra relación en estos momentos de cambios y dificultades.

tolerancia. Si además añadimos a esto una apretada economía familiar, debido a los nuevos gastos, o a que uno de los dos ha dejado el trabajo para ocuparse del niño, es fácil entender que la comunicación entre la pareja se rompa.

Un recién nacido, obviamente, necesita mucha atención por parte de la madre. Esto ejerce una gran cantidad de presión sobre ella, y se traduce en una mayor necesidad de amor y atención por parte de su pareja. Por otro lado, durante este tiempo él también se ve privado del apoyo emocional que le solían brindar, y si esta falta de atención le afecta seriamente no podrá ayudar a la madre en los momentos en que más le necesita.

Puede que a la madre le ayude pensar en su habilidad para dar amor y afecto como en «un armario emocional» que necesita ser provisto constantemente para poder recurrir a su contenido. Verdaderamente, nadie puede dar amor a menos que también lo esté recibiendo.

Es importante que cada uno manifieste lo que necesita. No esperes que tu pareja sepa «intuitivamente» lo que quieres. Ambos deben tratar de ser claros y honestos.

Cuando tengáis cosas importantes de las que hablar, intentad elegir el momento apropiado, y ser conscientes de vuestros sentimientos y emo-

ciones para poder transmitírselos al otro. Tratad de exponer las frases desde el punto de vista del «yo», como por ejemplo «yo me siento sola», antes que exponerlas desde el punto de vista del «tú», como por ejemplo «tú nunca estás aquí». Ambos deben estar dispuestos y abiertos a negociar y a diferir, no pretender tener siempre la última palabra. Las caricias ayudan mucho, ya sean recibidas o dadas, el efecto suele ser el mismo. Sed amorosos, estos momentos lo requieren. A veces las parejas necesitan lecciones de «habilidades de la pareja», como la negociación, la comunicación, mostrar afecto y cumplir con su parte. Muchos de nosotros no hemos aprendido estas habilidades en nuestras familias, pero son vitales.

Este es un buen momento para hablar del pasado de cada uno, si aún no lo habéis hecho, descubrir qué experiencias tenéis en común, qué es lo que sentís frente a ciertos temas importantes, como la disciplina, los azotes, o costumbres a la hora de comer o de dormir. Puede que te sorprendas al darte cuenta de que el punto de vista de tu pareja sobre cómo educar a los niños, no se diferencia mucho del tuyo.

CAMBIOS EN LA MADRE

El brusco cambio producido por el parto obliga al organismo a una serie compleja de modificaciones para recuperar el equilibrio existente antes del embarazo; todo ello produce algunos trastornos que habrá que considerar completamente normales. Aparte de los pechos, que en esta etapa se preparan para cumplir plenamente sus funciones, todos los órganos y los siste-

Si no deseáis un nuevo embarazo inmediato, algo que no es aconsejable, habrá que adoptar un sistema anticonceptivo.

Si el hijo está siendo amamantado:
Es importante no cometer el error de considerar el período de la lactancia como seguro, porque a veces los ciclos ovulatorios se reinician antes de que termine la lactancia. Tampoco es seguro el período que precede a la primera menstruación: normalmente la primera ovulación se produce después de la menstruación, pero no siempre es así.

Antes de que llegue el primer ciclo menstrual, se aconseja usar anticonceptivos mecánicos como el preservativo.

Después de la primera menstruación, además de los anticonceptivos mecánicos puede resultar aconsejable el dispositivo intrauterino o DIU. En general su uso se tiende a reservar para aquellas mujeres mayores de 35 años que tienen muy claro que no van a tener más descendencia.

Si el hijo no es amamantado:
Es más probable que se produzcan los ciclos ovulatorios antes de la menstruación si la mujer no amamanta a su hijo. Antes del primer ciclo menstrual se aconseja el uso del diafragma o el preservativo.

Una vez iniciada la menstruación, hay que considerar que la situación ya es normal, así que se pueden volver a los anticonceptivos que se usaban antes del embarazo.

mas del cuerpo comienzan a recorrer, en sentido inverso y en un tiempo mucho más breve, las modificaciones que se habían producido lentamente en el curso del embarazo.

Aparte de los cambios físicos que se producen en la mujer después de dar a luz (que recorre en sentido inverso y en mucho menos tiempo todo el embarazo), ésta sufre grandes cambios en su vida. El primer hijo trae consigo muchas novedades. Novedades en las relaciones con la pareja, en el estilo de vida, incluso en las amistades. Pero la más sorprendente de todas se encuentra en la misma mujer.

De repente descubrirá que posee habilidades que hasta la fecha desconocía tener. Por ejemplo, se le despierta la intuición: es capaz de saber si el niño se encuentra bien o si hay algo que no funciona, cuándo llora por un motivo o por otro, y cómo consolarle.

Un hijo da un vuelco a la vida. Si la mujer era noctámbula y amiga de las fiestas, ahora se sorprenderá a sí misma prefiriendo quedarse en casa con el bebé antes que salir a cenar o a una fiesta. No sólo cambia ella, también cambian sus perspectivas del mundo, que se convierte en un lugar lleno de peligros potenciales de los cuales hay que proteger a ese bebé que considera tan indefenso.

Pero no todos los cambios son maravillosos. Si creía conocer lo que era el estrés, ahora descubrirá una nueva dimensión a este sentimiento. Habrá momentos en los que le resultará imposible llevar a cabo cosas tan básicas y esenciales como darse una ducha o ir al baño. También la falta de sueño empezará a hacer mella en ella y en su pareja. ¡Bienvenidos al fascinante mundo de ser padres! Aunque esto sea así el ser humano tiene una innata capacidad de adaptarse a las nuevas situaciones de la vida y salir airoso de ellas.

La maternidad traerá grandes cambios a la vida de una mujer, y seguramente sus familiares y amigos le habrán contado las cosas por las que pasará y que le pasarán, pero nada conciencia de lo que es ser madre hasta que se es. El día a día, y la impresionante y enriquecedora, aunque al principio dura, maternidad os mostrará cosas sobre el mundo, el ser humano, las emociones y la vida que siempre habían estado ahí, pero de las que jamás os habíais percatado.

La pareja

Hombre y mujer pueden formar una familia a través del matrimonio, si se cumplen determinados requisitos legales, o bien mediante la unión de hecho de ambos, en cuyo caso se está sujeto a exigencias legales específicas.

Marido y mujer: completa igualdad

La ley establece que el marido y la mujer son iguales en derechos y deberes, deben respetarse, ayudarse y actuar en interés de la familia. Están obligados a vivir juntos, guardarse fidelidad y socorrerse mutuamente. Pero no existen obligaciones específicas para ninguno de ellos, por lo que el reparto de las tareas domésticas se hará de común acuerdo.

Aunque los cónyuges tienen la obligación de vivir juntos, ni la mujer ni el marido necesitan autorización para salir del domicilio por motivos razonables (viajes, visitas, etc.). Si una mujer abandona el hogar porque recibe malos tratos o se considera víctima de situaciones vejatorias ajenas a la pareja tendrá que comunicárselo a las autoridades competentes.

La unión de hecho

En algunos países se puede formar una familia sin contraer matrimonio produciendo efectos que tienen trascendencia jurídica durante la vigencia de la unión de la pareja (personales y económicos). Normalmente, este tipo de parejas no se ven beneficiadas por las leyes eco-

nómicas (patrimonio, bienes, negocios y herencias).

En cuanto a los hijos, esta unión genera derechos y deberes como en el matrimonio. Las parejas de hecho con hijos deberán realizar la tramitación oportuna para la filiación no matrimonial de los mismos. Esta tramitación consiste en reconocerlos en un documento público.

Si uno de los progenitores no quiere reconocer a su hijo y existen pruebas de que verdaderamente es hijo suyo, el otro puede reclamar judicialmente para que se determine su filiación no matrimonial. Las pruebas de paternidad se realizan basándose en análisis biológicos.

LOS HIJOS

Los padres tienen el deber de velar por sus hijos, tenerlos en su compañía, alimentarlos, educarlos y darles una educación integral, así como representarles y administrarles sus bienes. Si los progenitores no cumplen los deberes y obligaciones propios de la patria potestad, pueden ser privados total o parcialmente del ejercicio de la misma.

QUÉ ES LA PATRIA POTESTAD

Los progenitores tienen la obligación de alimentar, proteger y educar a sus hijos. Para cumplir estos deberes, los padres tienen un poder, reconocido por ley, que es la *patria potestad*. No se trata de un derecho de los padres sobre sus hijos, sino de la función y facultades que se les ha encomendado para el cumplimiento de sus obligaciones. Para que ejerzan la patria potestad, es necesario que la filiación de los hijos esté determinada legalmente. Si los padres están casados,

Los padres tienen el deber de alimentar,
proteger y educar a sus hijos.

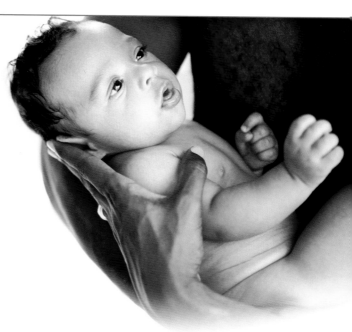

la filiación matrimonial se determina legalmente mediante la inscripción de nacimiento, junto con la del matrimonio de los padres, o mediante una sentencia firme.

Las facultades y decisiones que comporta el ejercicio de la patria potestad serán adoptadas por los progenitores de común acuerdo, o por uno de los dos con el consentimiento expreso o tácito del otro. Si los hijos tienen suficiente juicio, siempre deben ser escuchados antes de tomar decisiones que les afecten.

Si hay reiteradas diferencias de opinión entre el padre y la madre, el juez puede atribuir la patria potestad a uno de ellos, o bien distribuirla entre ambos.

Los progenitores tienen derecho:
- A ser obedecidos y respetados por sus hijos cuando estos se encuentren sometidos a su potestad. A recibir ayuda de sus hijos, según las posibilidades de estos, para el levantamiento de cargas familiares mientras conviven con ellos.
- A acudir al juez cuando necesiten ayuda derivada del ejercicio de su potestad.
- A relacionarse con sus hijos menores aunque no ejerzan la patria potestad.

Los hijos dejan de estar sujetos a la patria potestad de sus padres cuando alcanzan la mayoría de edad, o cuando se hayan emancipado.

En ocasiones se produce la emancipación al contraer matrimonio el menor de edad.

Si los padres incumplen sus obligaciones o se exceden en las facultades que les confiere la potestad y los niños son objeto de desatención o malos tratos, cualquier persona que tenga conocimiento de ello puede denunciar el hecho ante la autoridad competente.

La patria potestad finaliza por la muerte o declaración de fallecimiento de los padres, o del hijo, por la emancipación de éste.

LOS HIJOS EN EL MATRIMONIO

El padre y la madre tienen obligación de inscribir o reconocer en documento público a sus hijos.

Hay que pedir al médico, comadrona o ayudante técnico sanitario que ha asistido al parto un certificado como prueba física válida para la adopción.

Conocer tus derechos para compatibilizar la vida laboral y familiar te ayudará a vivir con menos angustia tanto el parto como la crianza del hijo.

Las leyes suelen reconocer los mismos derechos a la existencia de hijos matrimoniales, no matrimoniales y adoptivos. Tampoco suele existir discriminación entre los hijos por razones de sexo.

Si los padres no están casados, la filiación no matrimonial también se determina reconociendo al hijo en un documento público. Tienen patria potestad el padre y la madre conjuntamente, con independencia de que estén o no casados, sobre los hijos no emancipados. Si los padres viven separados, la patria potestad la ejercerá aquel con quien conviva el hijo. El otro progenitor puede solicitar al juez que le sea concedido el ejercicio conjunto de la misma.

Los hijos no emancipados están bajo la potestad del padre y de la madre, que será ejercida conjuntamente por ambos.

En el caso de los hijos habidos fuera del matrimonio, si una mujer soltera espera un hijo, la situación que se genera al reconocer el padre al hijo es muy parecida a la de los matrimonios separados o divorciados.

Hay que advertir que el reconocimiento paterno implica el tener que compartir con el padre el ejercicio de la patria potestad y que el padre tendrá un derecho de visita y también una obligación de alimentos para con el hijo.

El padre o la madre podrán ser privados total o parcialmente de su potestad por sentencia fundada en el incumplimiento de los deberes inherentes a la misma o dictada en causa criminal o matrimonial.

Para favorecer la crianza del hijo y permitir el aumento de la natalidad, algunos países establecen leyes positivas para el incremento del número de recién nacidos.

DERECHO LABORAL Y MATERNIDAD

EL DESPIDO

La falta de asistencia al trabajo, en determinadas circunstancias y condiciones, se valorará de una forma especial en caso de que sea debido a un embarazo.

Según las leyes internacionales, no debería contar como causa expresa de despido laboral la situación de embarazo o maternidad.

EL DESCANSO

En casi todos los países se establece, para toda mujer embarazada, un descanso determinado, distribuido a opción de la interesada, entre antes y después del parto. Para tener derecho a dicho descanso, la interesada deberá solicitar el parte de baja correspondiente en la empresa a la que pertenezca.

Este descanso suele ser obligatorio, incluso, si por desgracia falleciese el recién nacido en los días posteriores al parto, en los que la madre completaría dicho período de descanso.

Ayudas económicas

En países donde se intenta favorecer el aumento de la natalidad, se compensa económicamente la ausencia en el trabajo durante el período de descanso. Esta compensación será mayor en caso de parto múltiple. Las leyes también contemplan la ayuda económica a las familias numerosas o con hijos disminuidos física o psíquicamente siempre que ellos dependan económicamente de sus padres y no estén independizados.

Generalmente, en el supuesto de adopción también la madre tendrá derecho a un permiso contado desde el momento en que se legalice la adopción.

La jornada laboral

Para atender al cuidado de los hijos menores en muchos casos podrá solicitarse una reducción en la jornada de trabajo del padre o de la madre.

Esta modificación de jornada podrá ser solicitada también en caso de que sean hijos adoptados legalmente.

Excedencias

Se denomina excedencia al período de suspensión del contrato de trabajo durante un tiempo determinado por el cuidado de cada hijo, ya sea natural o adoptado.

Lactancia

En muchos países es posible solicitar fracciones de tiempo en la jornada laboral para atender la necesidad de lactancia del bebé.

Permisos

Generalmente, se contempla el cuidado de un hijo gravemente enfermo u hospitalizado en casi todos los países, pudiendo los padres ausentarse de su puesto de trabajo por ese motivo. Sin embargo, una enfermedad común (catarros, fiebre moderada, etc.), no suele estar contemplada de manera específica, teniendo que llegar a un acuerdo las partes implicadas.

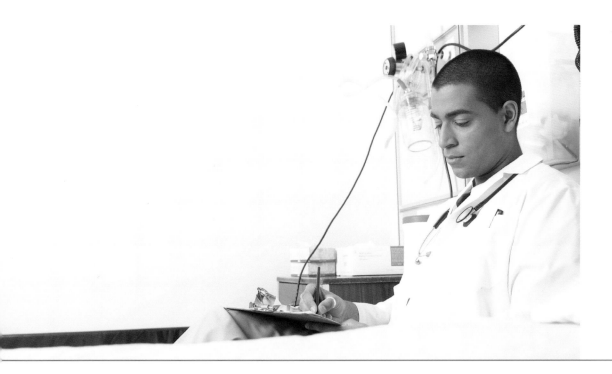

Temas médicos

S I ESTÁS PENSANDO EN QUEDARTE EMBA-RAZADA, LO MEJOR ES EMPEZAR CON BUEN PIE. AUNQUE UN EMBARAZO NO ES NI MUCHO MENOS UNA ENFERMEDAD, SINO TODO LO CONTRARIO, HAY ALGUNAS SITUACIONES EN LAS QUE HAY QUE TENER UN CUIDADO ESPECIAL Y PUEDE SER ACONSEJABLE HACER UNA VISITA PREVIA AL GINE-CÓLOGO PARA QUE HAGA UNA REVISIÓN GENERAL O NOS TRANQUILICE SI TENEMOS DUDAS SOBRE ALGU-NAS CUESTIONES.

A continuación ponemos una serie de condiciones bajo las cuales esta visita sería propicia para enfrentarte al embarazo pletórica de salud.

¿QUÉ TAL LAS TRANSAMINASAS?

Esta prueba permite obtener información acerca del hígado y su estado de salud. Durante el embarazo el hígado no sufre grandes cambios, pero el mínimo desequilibrio de este órgano puede tener repercusiones generales, como por ejemplo la ictericia.

¿ES LA MADRE Rh NEGATIVO?

Si una mujer con el Rh negativo queda embarazada de un hombre con el Rh positivo puede ocurrir que el bebé herede el factor Rh del padre y que se produzca un problema de incompatibilidad con la sangre materna. Entonces la madre producirá anticuerpos antiRh positivo que, si pasan al feto en cantidades suficientes, pueden llegar a destruir parte de sus glóbulos rojos.

Durante el primer embarazo, suelen producirse pocos anticuerpos y el bebé generalmente nace sin problemas. Sin embargo, con cada nuevo embarazo se produce una mayor cantidad de anticuerpos que pueden llevar a la muerte del feto, debido a la destrucción masiva de sus glóbulos rojos. Antes, esto constituía un grave problema y se solía provocar el parto antes de tiempo para evitar que el feto resultara demasiado afectado. Sin embargo ahora existe una vacuna, la gamma globulina antiRh, que se administra a la mujer después de primer parto. En caso de que esta primera gestación resulte en aborto también se debe aplicar la vacuna. El efecto de esta vacuna es que cada gestación transcurre como si fuese la primera. El problema es más grave cuando la mujer ha sido sometida previamente, ya sea por error o por desconocimiento, a transfusiones de sangre positivas. En este caso ya ha sido sensibilizada y no podrá recibir la vacuna. En estos casos, para evitar la anemia, el feto recibirá transfusiones de sangre intrauterinas.

ENFERMEDADES CONTAGIOSAS

Sífilis

Si se detecta antes o al principio del embarazo se puede tratar fácilmente.

Hepatitis B, hepatitis C y SIDA

Tienen un alto riesgo de ser transmitidas al feto, aunque si se conoce el estado infeccioso de antemano y el bebé no contrae la enfermedad durante la gestación, se pueden tomar medidas para reducir el riesgo de contagio durante el parto.

Toxoplasmosis

Esta enfermedad en un adulto o en un niño suele ser benigna, incluso puede pasar inadvertida. En

EFECTO DE LA VACUNA GAMMA GLOBULINA ANTI RH

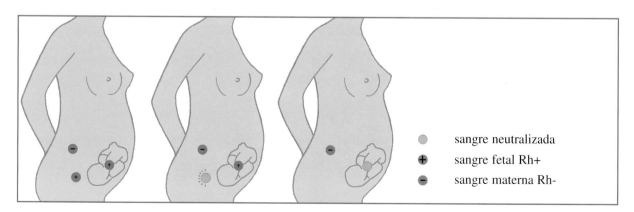

- ● sangre neutralizada
- ⊕ sangre fetal Rh+
- ⊖ sangre materna Rh-

cambio, en el feto puede provocar ceguera, retraso mental, malformaciones, etc. Si la madre da positivo, quiere decir que ya ha contraído la enfermedad y es inmune a ella, por lo tanto el feto también lo es. Pero si da negativo tendrá que volver a realizar las pruebas cada tres meses por si esta se tornara positiva, lo que indicaría que ha contraído la enfermedad durante el embarazo.

Rubéola

Al igual que la toxoplasmosis no entraña peligros al adulto pero sí al feto. Si da negativo es preciso vacunarse, siempre y cuando NO se esté embarazada.

¿ES LA MADRE PROPENSA A PADECER ANEMIA?

Control de hierro

El hierro es fundamental, ya que sirve a los glóbulos rojos para transportar el oxígeno por el organismo.

Hemograma

Este análisis determina la cantidad de glóbulos rojos, glóbulos blancos y hemoglobina en la sangre; esto permite detectar diferentes tipos de anemia. También sirve para detectar el número y el tamaño de las plaquetas o trombocitos, muy importantes para conocer el estado de la coagulación sanguínea.

Ferrinemia o sideremia

Ferrinemia quiere decir hierro en sangre, es decir, la cantidad de hierro que circula libremente por la misma, pero no los depósitos de este mineral. Los

Toxoplasmosis

La toxoplasmosis es causada por un parásito animal llamado toxoplasma. Se puede contraer de las siguientes formas:
- Comiendo carne cruda o poco cocinada, embutidos, salchichas, etc.
- Comiendo verduras crudas, ensalada, zanahorias, etc. Éstas se pueden lavar con una gotita de lejía como precaución.
- Estando en contacto con las heces de los animales. En caso de tener gato es imprescindible que la embarazada (no inmune) no tenga ningún contacto con las heces del animal.

depósitos pueden ser medidos indirectamente mediante la valoración de la ferritina en sangre.

Transferrinemia

La transferrina es una proteína que enlaza el hierro y lo transporta, a través de la sangre, a los órganos que lo precisan. Su medición no tiene ningún sentido en la embarazada salvo que se detecte realmente una anemia y quiera avanzarse el estudio para determinar su origen

¿PROBLEMAS DE GLUCOSA?

Hay que distinguir entre dos situaciones diferentes:
- La mujer diabética que se queda embarazada y que tendrá que regular su tratamiento. A esto se le denomina diabetes en el embarazo.

- La mujer no diabética que presenta un cuadro de hiperglucemia en relación directa con el embarazo y que se diagnostica siempre con la curva de glucosa o test de O Sullivan; esto se denomina diabetes gestacional.

VISITAS AL GINECÓLOGO

El estar embarazada no es estar enferma, lo más normal es que todo vaya bien hasta el final del embarazo. Sin embargo, sí es conveniente visitar al ginecólogo lo antes posible para asegurarse de que todo marcha bien. Durante esta primera revisión obstétrica el médico recogerá, antes que nada, los datos para la anamnesis. La anamnesis es la historia de la vida de un paciente desde el punto de vista médico y también la descripción de los hechos más normales de la vida cotidiana.

A continuación reflejamos en una lista las preguntas probables que hará el médico, para evitar estar desprevenidos, olvidar datos importantes, o indagar sobre nuestra primera infancia o enfermedades familiares para saber de antemano las respuestas:

Si ya tiene hijos

¿Cuántos embarazos ha tenido que llegaran a término?

¿Ha tenido abortos, partos prematuros o embarazos extrauterinos?

¿Cómo se desarrollaron los otros embarazos?

¿Cómo fueron los partos?

¿De qué sexo eran los bebés?

¿Cuánto pesaron?

Preguntas a la mujer

¿Su nacimiento fue normal? ¿La amamantaron? ¿Tuvo un desarrollo físico y psíquico normal? ¿Qué nivel de estudios tiene? ¿En qué trabaja? ¿Su trabajo requiere esfuerzos físicos, ritmos pesados o contacto con sustancias químicas? ¿Tiene problemas de digestión? ¿Tiene dificultades al orinar? ¿Usa habitualmente fármacos? ¿De qué tipo? ¿Fuma? ¿Toma alcohol u otras drogas? ¿Ha tenido enfermedades importantes? ¿Qué enfermedades infecciosas tuvo? ¿Es alérgica a algún alimento, o algún medicamento? ¿Le han practicado alguna intervención quirúrgica o transfusiones? ¿Cuál es su grupo sanguíneo? (en cualquier caso, vendrá reflejado en la analítica) ¿A qué edad tuvo su primera menstruación? ¿Siempre tuvo ciclos regulares? ¿A qué edad tuvo las primeras relaciones sexuales? ¿Cuál fue la fecha de la última menstruación? ¿Ha sido un embarazo deseado? ¿Está casada? ¿Cuenta con el apoyo de su pareja y su familia? ¿Tiene problemas económicos o laborales? ¿Ha tenido problemas ginecológicos (inflamaciones, intervenciones quirúrgicas, etc.)? ¿Alguna vez ha usado anticonceptivos? ¿Cuáles?

¿Se encontró usted bien?

¿Y ahora cómo se encuentra?

Preguntas al padre

¿Cuántos años tiene?

¿Cómo se encuentra de salud?

¿Cuál es su grupo sanguíneo?

¿Es pariente consanguíneo de la madre?

¿Ha tenido enfermedades importantes?

Familiares de ambos

Los padres, hermanos o tíos:

¿Tienen o han tenido la tensión alta, diabetes, enfermedades cardiovasculares, infartos, asma alérgica o tuberculosis?

Los padres, abuelos o primos:

¿Han tenido problemas de esterilidad, abortos repetidos, hijos prematuros, muertos precozmente o con alguna malformación?

¿Hubo algún matrimonio consanguíneo?

¿Hubo algún parto gemelar?

¿Hubo casos de enfermedades hereditarias?

En esta primera visita el ginecólogo también hará una exploración general a la mujer; controlará su tensión arterial, el peso y la talla. Luego mandará hacer un análisis de sangre y otro de orina para determinar el grupo sanguíneo, el factor Rh y otras variables. Algunos obstetras consideran oportuno realizar una primera exploración ginecológica, sin embargo no todos consideran necesario hacer estas comprobaciones en la primera visita.

LAS REVISIONES SIGUIENTES

Después de esta primera visita y si todo va bien y el embarazo no entraña ningún riesgo, la visitas se realizarán una vez al mes y consistirán en revisiones rutinarias, hasta la semana 34ª de gestación, a partir de la cual las revisiones se realizarán cada 15 días hasta la semana 38ª; a partir de aquí habrá que realizarlas cada semana hasta el momento del parto. En estas revisiones, aparte de controlar el peso y la presión arterial, el médico revisará el latido cardíaco del feto y la altura del útero, para comprobar el crecimiento del niño.

Es bueno que el padre acuda a las revisiones con la mujer; además de que la mujer se sentirá más acompañada en estos momentos, al padre también le ayudará a reforzar los lazos con el bebé.

ENFERMEDADES HEREDITARIAS

Algunas enfermedades son hereditarias. Si los futuros padres tienen un historial de enfermedades hereditarias en la familia es aconsejable que acudan a un genetista antes del embarazo para que les informe sobre el riesgo que el bebé puede correr. Algunas enfermedades hereditarias se manifiestan si ambos progenitores poseen los genes anormales, sin embargo otras pueden manifestarse con sólo un gen anormal.

Es importante recordar que en la descendencia entre consanguíneos el riesgo es cuatro veces mayor. Algunas de estas enfermedades pueden ser muy graves, estas son las más importantes:

Hemofilia

Se trata de un defecto de la coagulación de la sangre.

Esta enfermedad congénita se manifiesta exclusivamente en los varones, la mujer no la manifiesta, pero es portadora. En caso de que la mujer tenga antecedentes de hemofilia en la familia se puede verificar si es o no portadora de la enfermedad con un análisis de sangre correspondiente en un centro especializado.

Anemia de Cooley

Una grave enfermedad de la sangre. En este caso ambos cónyuges deben ser portadores del gen anormal para que el bebé desarrolle la enfermedad; de ser así existe una posibilidad de entre cuatro o de que el niño contraiga el mal, pero se puede ser portador de este gen anómalo sin padecer la enfermedad.

Distrofia muscular

Consiste en una degeneración progresiva de la musculatura. Se desarrolla exclusivamente en varones. En su estado más grave se llama enfermedad de Duchenne. Se manifiesta en los primeros años de vida y puede llevar a la invalidez y la muerte a los pocos años. En caso de que existan antecedentes familiares, sobre todo en la mujer, es importante que vean a un genetista, para que haga un estudio sobre las probabilidades de tener un hijo con esta enfermedad.

Lesch-Nyham

Se debe a un exceso de ácido úrico, acompañado de parálisis cerebral y retraso mental. Los enfermos se muerden la boca, los labios y los dedos por un impulso irrefrenable de autodestrucción. Es una enfermedad transmitida por la madre sólo a los hijos varones.

Hunter

Causa anormalidades del esqueleto, rasgos toscos, crecimiento excesivo del hígado y del bazo y retraso mental.

Glosario de análisis clínicos y de exploraciones complementarias

Amniocentesis. Se trata de una técnica de diagnóstico que consiste en penetrar con una aguja a través del abdomen y el útero para llegar hasta la bolsa de líquido amniótico, y sustraer una pequeña

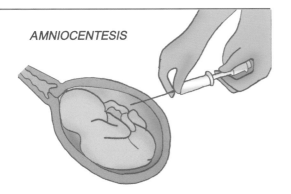

AMNIOCENTESIS

cantidad de líquido para ser analizado en el laboratorio. Si se solicita el análisis cromosómico prenatal, el laboratorio deberá estar altamente especializado. La amniocentesis se realiza ambulatoriamente en el hospital, y va precedida siempre de una ecografía que permite saber cuál es el mejor punto para introducir la aguja sin tocar al feto ni afectar la placenta. Este análisis no suele ser peligroso ni para el feto ni para la madre, pero, en raras ocasiones, puede producir una infección del líquido amniótico, o bien un parto prematuro. Por esta razón sólo se prescribe cuando es absolutamente necesario. No es doloroso, aunque provoca ciertas molestias donde se introduce la aguja.

Amnioscopia. La técnica de la amnioscopia es sencilla, económica y prácticamente indolora. Después de colocar a la paciente en posición ginecológica, el médico introduce en la vagina un tubo de unos 2 cm de diámetro y lo hace pasar por el cuello del útero hasta llegar a la bolsa de líquido amniótico. Iluminando con una pequeña bombilla y mirando el tubo, es posible ver a través de la membrana transparente y controlar el líquido amniótico. El examen da negativo si el líquido es de color normal, y dará positivo si es de color amarillo verdoso, señal de dolencia fetal. La am-

nioscopia la practica ambulatoriamente el tocólogo y se realiza en unos cinco minutos.

Análisis de orina. La muestra de orina se debe recoger en un recipiente muy limpio y con cierre hermético; en las farmacias venden botecitos especiales para ello. La orina debe ser la primera de la mañana. Si se tiene que realizar uno de estos análisis antes de quedarse embarazada, hay que evitar recoger la muestra cuando se tenga la menstruación. Si no es posible retrasar el análisis, hay que ponerse un tampón y lavarse con cuidado, para evitar que la sangre se mezcle con la orina.

Análisis de sangre. Este análisis requerirá una extracción más o menos abundante según el número de pruebas que se vayan a realizar. Normalmente la sangre se extrae en ayunas y mediante una inyección en una vena del brazo. Es muy raro que un análisis normal de este tipo provoque mareos o vértigos, y cuando ocurre se debe más al ayuno o al temor a la inyección que a la extracción en sí misma. En todo caso no hay de qué preocuparse; bastará con que la mujer se quede sentada unos minutos y coma algo para que todo pase.

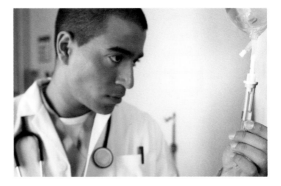

CITOLOGÍA. También se conoce por Papanicolau. Se trata de un análisis de las células que se hallan en el cuello del útero. Sirve principalmente para el diagnóstico precoz del cáncer de útero. Para hacer este análisis, sólo hace falta realizar una extracción simple, rápida y completamente indolora, que no requiere ningún tipo de cuidado especial ni de instrumental complejo, por lo que se realiza en cualquier consulta. Si bien es cierto que permite detectar precozmente células anaplásicas o displásicas sugerentes de un proceso tumoral, se trata de una prueba de rutina en todo control ginecológico que no se realiza porque se sospeche un cáncer. De hecho informa también sobre infecciones, inflamación, atrofia y otras patologías. Después de colocar a la mujer en la posición ginecológica y de ensanchar la vagina con el espéculo, el médico pasa una espátula por el cuello del útero, y saca una muestra. En ella se encuentran algunas células de la mucosa, que se renueva continuamente en un proceso de descamación. Después, se extiende en una plaquita de vidrio, se la fija con un spray especial y se envía al laboratorio para examinarla al microscopio. Los resultados del Papanicolau se dividen en varios estados, con denominaciones distintas según las escuelas.

CULTIVO DE ORINA. Se trata de un análisis de orina que requiere un cuidado especial en la recogida de la muestra que se llevará al laboratorio. En efecto, hay que evitar que la orina se contamine con bacterias extrañas al organismo. Para ello se deben seguir una serie de condiciones:

• Comprar un recipiente especial en la farmacia (también es posible que ese recipiente se lo faciliten en el mismo ambulatorio).

• La orina debe recogerse antes de tomar ningún fármaco, especialmente si es un antibiótico, y se lleva de inmediato al laboratorio sin conservarla nunca en la nevera.

• Se recoge directamente en el recipiente esterilizado, sin trasvasarla a otros recipientes. El recipiente deberá abrirse inmediatamente antes de recoger la orina y se cerrará inmediatamente después.

• Antes de recoger la orina, habrá que lavarse bien los genitales, si es posible con un producto desinfectante específico.

trumento circular, conectado a una pantalla. La ecografía dura de unos 15 a unos 45 minutos, según el tiempo que se tarde en localizar los diferentes puntos que interesan al médico.

ELECTROCARDIOGRAMA. Es el examen instrumental más utilizado, en cardiología, para controlar la actividad del corazón. Consiste en el registro, en una banda de papel continua, de la actividad eléctrica generada por el corazón cuando se contrae. Se puede realizar en cualquier sitio utilizando un aparato portátil, pero normalmente se realiza en el hospital o en el consultorio médico que cuente con los aparatos necesarios. No es doloroso, no presenta ningún riesgo y dura unos cinco minutos. Se realiza con la paciente tendida en una camilla o sentada en un sillón. Se fijan cinco o seis discos metálicos con un poco de cinta adhesiva a la piel humedecida de las muñecas, los tobillos y el tórax. Después, se enciende el aparato y se inicia el registro de la actividad cardíaca. Normalmente esta prueba se solicita cuando la mujer desea que se le administre anestesia epidural.

EXAMEN DE LÍQUIDO SEMINAL. Se trata de un examen que debe realizarse en laboratorios especializados. En general, el líquido seminal se recoge mediante masturbación en un recipiente especial. Los preservativos no sirven porque normalmente están tratados con sustancias espermicidas que alteran la vitalidad de los espermatozoides. No obstante, las instrucciones necesarias para recoger y conservar la muestra serán impartidas por el mismo laboratorio.

• No se debe recoger ni el principio ni el final de la orina, sino la intermedia, porque una orina mal recogida podría dar resultados falsos.

CURVA DE GLUCEMIA. Se trata de un gráfico que indica las variaciones de la glucosa en la sangre, y que se realiza basándose en los resultados de una serie de análisis de laboratorio. Este análisis se realiza en ayunas. Después de una primera extracción que permite evaluar la glucemia basal, se suministra a la paciente por vía oral una cierta dosis de glucosa determinada en relación al peso. A los 60, 120 ó 180 minutos se practican extracciones de sangre, y se analizan para evaluar las variaciones en el tiempo de la concentración de glucosa en la sangre.

ECOGRAFÍA. Se trata de un examen muy sencillo que se realiza en la clínica u hospital, o en un consultorio médico dotado de los aparatos necesarios. La paciente debe acostarse en una camilla, con el vientre descubierto. En primer lugar se cubre el vientre con un gel oleoso que sirve para asegurar la buena transmisión de los ultrasonidos. Después, se apoya sobre distintos puntos del vientre un ins-

Glucemia post-prandial. Es un análisis de sangre que, contrariamente a los demás, se realiza con una muestra extraída dos horas después de haber comido.

Histerosalpingografía. Es el examen radiográfico de la cavidad uterina y de las trompas que se prescribe en algunos casos de esterilidad para establecer de antemano la existencia de malformaciones u oclusiones.

Se realiza en el departamento de radiología del hospital y no requiere internamiento.

La paciente deberá tenderse en la camilla, en posición ginecológica. Con un instrumento especial, parecido a una jeringa, el médico introduce en el útero a través de la vagina un líquido que resulta opaco al útero y sube por las trompas; en la fase siguiente de este recorrido se hacen unas radiografías que permiten seguir el proceso de llenado y poner en evidencia eventuales oclusiones o anomalías de otro tipo. La cantidad total de sus-

tancia introducida y el número de radiografías depende de la claridad de las imágenes que se obtengan. En general, la paciente deberá adoptar unas posturas que permitan que en la radiografía el útero y las trompas queden bien claras. El examen dura de un cuarto de hora a una hora.

Durante el examen se siente un poco de dolor en el bajo vientre, parecido al que se produce en la menstruación. Por este motivo, antes de efectuar la histerosalpingografía se suele administrar un sedante o un analgésico. A veces aparecen otros trastornos ligeros que duran de unos minutos a algunas horas, o bien unas pequeñas pérdidas durante unas 24 horas.

En general es un examen que no comporta riesgos, pero si en el curso de otros exámenes radiológicos con el uso de sustancias yodadas similares se tuvieron reacciones alérgicas, es preciso informar al médico antes de someterse a esta prueba, que podría no realizarse de forma preventiva.

Registro cardiotocográfico. Se trata de un examen que permite registrar las pulsaciones del corazón del feto. No duele ni es arriesgado; en general, se realiza cuando la futura madre se encuentra ya hospitalizada, pero no se trata de un examen que requiera internamiento.

La paciente debe tenderse cómodamente en una camilla con el vientre al descubierto; después, se fija al vientre con una faja elástica un pequeño instrumento que emite y recibe ultrasonidos. La mujer se coloca en una posición tal que permita un buen registro del latido. Con una segunda faja se fija también un aparato que registra paralelamente las contracciones uterinas.

Este control suele durar una media hora. Mientras se registran las pulsaciones fetales en una tira de papel, la paciente puede constatarlas directamente gracias a un amplificador que permite escuchar el latido cardíaco del bebé. Además, en el aparato se observa un punto luminoso y unas cifras que destellan en un monitor señalando el momento y la frecuencia de las pulsaciones, lo que permite saber si todo está bien antes de que nazca el bebé.

El control interno es muy parecido, con la diferencia de que el aparato que registra el latido cardíaco se aplica directamente en la cabeza del feto. Naturalmente, es posible practicarlo sólo en la fase de trabajo de parto y cuando la bolsa de aguas ya está rota.

Diccionario de la salud

AMENAZA DE ABORTO. Se caracteriza por hemorragias vaginales de ligera o moderada intensidad. Las contracciones uterinas pueden ser o no dolorosas. El dolor suele comenzar como una molestia en la región lumbar, luego se localiza en el bajo vientre y puede ser intermitente y espasmódico.

La pérdida del feto antes de las 28 semanas de gestación se considera como aborto espontáneo, después se puede hablar de parto con neonato muerto.

Durante las primeras semanas de la gestación, en los países occidentales la tasa de abortos espontáneos se sitúa en torno al 10%, sin embargo, en la cuarta parte de los casos, estos tienen lugar antes de que la mujer sepa que está embarazada. Por lo tanto, muchas mujeres no tienen la menor idea de que han abortado.

El aborto habitual puede deberse a una incompetencia del cuello uterino, que no cierra correctamente, o a causas genéticas u hormonales. La mayoría de los abortos se producen porque el embrión sufre graves anomalías incompatibles con la vida y la misma selección natural actúa desechándolo.

Si tienes una hemorragia vaginal, es importante que de inmediato guardes cama y llames a tu médico. Si el aborto pareciera inevitable, poco es lo que se puede hacer por impedirlo. Sin embargo, en todos los casos es conveniente que la expulsión del feto sea tratada en un medio hospitalario.

En los casos de aborto incompleto, después de administrarte un calmante y dilatadores del cuello uterino, el médico procederá a la evacuación completa del contenido uterino.

Si el feto estuviera retenido y la muerte se hubiera producido en un estado más avanzado de la gravidez, para provocar el parto el médico te indicará comprimidos orales o vaginales de prostaglandina, una hormona que también se utiliza para inducir los partos normales.

Tener un aborto no es preocupante. Es un problema muy frecuente y no es un impedimento para que más adelante tengas un embarazo normal.

CANDIDIASIS. Es una infección vaginal debida a un hongo que recibe el nombre de *Candida albicans.* Se caracteriza por una secreción vaginal blanca y espesa, acompañada de intenso prurito. El bebé puede contagiarse en el momento del parto. El médico te recetará antifúngicos en forma de crema u óvulos vaginales.

CIR (Crecimiento Intrauterino Retardado). También se conoce por hipotrofia. Ocurre cuando, teniendo en cuenta la altura y el peso de los padres, se comprueba que el feto se aparta demasiado de la medida probable y esperada.

Existen muchos grados de CIR. Las causas pueden ser diversas: hipertensión, tabaquismo, alcoholismo, malas condiciones de vida, de higiene y de alimentación, algunas enfermedades infecciosas, placenta previa, embarazo gemelar, insuficiencias respiratorias o cardíacas, anemia grave, etc.

La ecografía informará sobre la importancia del retraso y la salud del feto. A continuación, el especialista tomará las medidas para que la maduración prosiga de la forma más normal posible.

DESPRENDIMIENTO PREMATURO DE LA PLACENTA. Se caracteriza por dolor abdominal de comienzo brusco, hemorragia genital escasa y oscura, intensa contractura uterina y a veces da a la matriz una consistencia leñosa que dificulta la exploración.

El tratamiento debe hacerse con toda urgencia y consiste en una transfusión de líquidos y sangre por vía endovenosa para evitar el shock, y la evacuación del contenido uterino que debe hacerse lo antes posible; a veces, aunque el feto esté muerto, es necesario recurrir a una cesárea.

DIABETES DEL EMBARAZO. La gestación tiende a agravar la diabetes, ya que, para contrarrestar los efectos del embarazo, la mujer debe segregar alrededor del triple de insulina de lo normal. La insulina regula el nivel de glucosa de la sangre y facilita su paso al interior de las células. Durante este período es más fácil que se manifiesten ciertas complicaciones propias de la diabetes, como el polihidramnios, las infecciones urinarias y las infecciones vaginales producidas por hongos.

En algunos casos la diabetes se manifiesta durante el embarazo: esta es la diabetes gestacional, y vuelve a desaparecer después de dar a luz, aunque en un tercio de los casos se puede transformar en una diabetes clínica. Por lo tanto, es igual de importante que se extremen los cuidados y controles médicos tanto de la diabetes clínica como de la diabetes gestacional. Los niveles de glucosa pueden variar frecuentemente; estas variaciones son muy peligrosas para el feto, por lo tanto los controles son de gran importancia para poder hacer los ajustes pertinentes de insulina. Hay veces que basta con una estricta dieta para regular la cantidad de glucosa, pero si no es así la mujer debe ser tratada con insulina para poder regularse.

El feto de una madre diabética se desarrolla muy rápido, ya que el exceso de azúcar en la sangre de la madre pone a su disposición una gran cantidad de alimento, y puede nacer con un exceso de peso. Es importante que la madre sea correctamente tratada durante la gestación, ya que si no es así, después del nacimiento, el páncreas del bebé puede seguir produciendo un exceso de insulina que lo lleva a sufrir peligrosas hipoglucemias, o incluso pueden nacer con algunas malformaciones cardíacas, digestivas, óseas y del sistema nervioso. Una buena compensación de la glucemia durante los tres primeros meses de embarazo reduce de forma notable estos riesgos.

EMBARAZO ECTÓPICO. El embarazo ectópico consiste en la implantación del embrión fuera de la cavidad uterina. Por lo general, se localiza en una de las trompas. Al crecer el embrión, se corre el peligro de que la trompa se rompa, dando lugar a una hemorragia de graves consecuencias. La rotura tubárica se caracteriza por un dolor muy intenso en el bajo vientre y hemorragia que puede llevar a la hipotensión y al shock. El tratamiento es quirúrgico y debe hacerse con toda urgencia.

EMBARAZO POSTÉRMINO. Cumplidas las 40 semanas de gestación, el feto se halla en condiciones para vivir fuera de la cavidad uterina. Por eso, si el embarazo se prolonga demasiado, la placenta muestra signos de envejecimiento, y no se hallará en condiciones de seguir nutriendo correctamente al feto, cuyas de-

mandas de oxígeno son cada vez mayores; además, la cantidad de líquido amniótico disminuye progresivamente. En estos casos, antes de que la situación se vuelva perjudicial para el feto, después de iniciar ciertos análisis destinados a verificar la función placentaria, el obstetra suele inducir el parto mediante un goteo de una hormona llamada oxitocina.

HEMORRAGIAS DURANTE EL EMBARAZO. Las hemorragias pueden producirse debido a diversos procesos patológicos. Este síntoma puede aparecer de forma precoz en los casos de amenaza de aborto, embarazo ectópico, etc. Las hemorragias tardías aparecen como consecuencia de una placenta previa, del desprendimiento prematuro de la misma o de roturas uterinas.

Las características de la hemorragia varían de acuerdo con la causa. Por ejemplo, mientras en el aborto la sangre es roja, en el embarazo ectópico es oscura. Tanto el aborto como el embarazo ectópico y el desprendimiento de placenta, se acompañan de dolor.

Durante los dos primeros meses del embarazo, la mujer puede notar que, coincidiendo con la fecha habitual de la regla, tiene pequeñas pérdidas de sangre. Su origen es hormonal y sin importancia, aunque puede llevar a pensar en una amenaza de aborto. En ocasiones pueden producirse hemorragias leves tras mantener relaciones sexuales, generalmente por los cambios que se están produciendo en el canal vaginal.

Conviene que ante cualquier pérdida de sangre, la mujer acuda de inmediato a consulta para preservar su propia salud y la del bebé.

HIPOTROFIA FETAL. VÉASE CIR.

INCOMPATIBILIDAD RH. Existe incompatibilidad Rh cuando una mujer Rh negativo queda embarazada de un hombre Rh positivo. Si el futuro bebé hereda el factor Rh positivo del padre, se produce un problema de incompatibilidad con la sangre materna, porque la madre producirá anticuerpos antiRh positivo que, si pasan al feto en cantidades suficientes, pueden destruir parte de sus glóbulos rojos. Normalmente, con cada embarazo se produce mayor cantidad de anticuerpos, por lo que el problema de incompatibilidad surge a partir del segundo embarazo.

Existe una vacuna, la gamma globulina antiRh, que se administra a la mujer después del primer parto o aborto haciendo que cada gestación transcurra como si fuese la primera. También puede solucionarse con transfusiones de sangre intrauterinas al feto.

INCOMPETENCIA CERVICAL. En algunos casos, los abortos a repetición se deben a que el cuello uterino es incapaz de mantenerse cerrado. Para evitar la interrupción del embarazo se suele practicar una sencilla operación, que consiste en cerrar el cuello del útero mediante un hilo corredizo que actúa de forma parecida a las cintas que cierran los bolsos. La intervención se lleva a cabo mediante anestesia total. En el momento del parto se elimina el hilo.

OLIGOAMNIOS. Esta alteración se manifiesta por una escasa cantidad de líquido amniótico y muchas veces pasa inadvertida. El oligoamnios es especialmente peligroso cuando es precoz, ya que en este caso puede afectar gravemente el desarrollo del feto.

Sus causas son a veces desconocidas; otras veces, ya que el feto contribuye a nivelar la cantidad de líquido amniótico a través de su deglución y eliminación por la orina, se deben a la falta del desarrollo de sus riñones.

PLACENTA PREVIA. La placenta suele asentarse en la parte superior del útero. Hay veces que se adhiere a la pared izquierda o la derecha del útero; esto no es tan común pero no representa un problema y se denomina placenta marginal. El problema surge cuando la placenta se asienta en la parte inferior del útero, es decir, en la entrada del canal de parto, apareciendo por tanto una placenta previa. En estos casos el bebé no podría desprenderse de la placenta, y tendría que atravesar el canal envuelto en la placenta, cuando esto ocurre el feto se queda sin provisión de sangre.

La placenta previa se caracteriza por una fuerte hemorragia, sobre todo en el tercer trimestre de embarazo, y va acompañada de hipotensión, taquicardia y palidez, pero no entraña dolor. La placenta previa con hemorragia obliga a guardar cama hasta el fin del embarazo, y necesariamente el nacimiento será por cesárea.

POLIHIDRAMINOS. Consiste en un aumento anormal del líquido amniótico. El feto regula el nivel del líquido amniótico a través de la deglución de este, y de la eliminación de la orina (micción). La causa del Polihidraminos suele encontrarse en alguna malformación del esófago del feto, lo que le impide realizar su trabajo de deglución correctamente. Aunque también puede darse en casos de diabetes o de incompatibilidad Rh.

Sus síntomas entrañan dificultad respiratoria, edema de las extremidades, el parto prematuro y un agudo dolor. El tratamiento se basa en reposo, la evacuación del exceso de líquido y la sedación del dolor.

RUBÉOLA. La rubéola es una enfermedad vírica y contagiosa. Para el adulto no entraña peligro, pero

si la madre la contrae en los primeros meses de embarazo, puede provocar malformaciones en el feto. Si la embarazada ha padecido esta enfermedad con anterioridad está inmunizada. Existe un test que detecta si se está inmunizado, que es el rubotest. También existe una vacuna, pero esta no debe administrarse una vez que ya se está embarazada. La rubéola durante los primeros meses de embarazo es una de las causas legales de aborto terapéutico.

Toxemia y Eclampsis. Si bien durante los primeros meses del embarazo la tensión arterial suele descender, en el 5% de todas las gestaciones puede aparecer una complicación llamada hipertensión inducida por la gestación. Este cuadro, también denominado gestosis o más antiguamente toxemia gravídica, consiste en la elevación de las cifras tensionales por encima de la normalidad. Si no aparecen más complicaciones, el control de la tensión con una dieta pobre en sal o con ciertos fármacos es suficiente. Si como consecuencia de la hipertensión se presentan trastornos de la función renal que desembocan en pérdidas de proteínas por la orina, y en la formación del edema subsiguiente, se habla de preeclampsia. Finalmente, aparece la eclampsia cuando todo este proceso desemboca en crisis graves, a veces repentinas, de convulsiones e incluso coma que ponen en peligro la vida de la paciente y del feto, requiriendo siempre hospitalización urgente.

Toxoplasmosis. Enfermedad infecciosa producida por un parásito llamado toxoplasma. Si una gestante contrae la enfermedad puede tener graves efectos en el feto como ceguera, hidrocefalia o microcefalia y retraso mental.

La enfermedad se contrae a través de la ingesta de carne poco cocinada, el contacto con las heces de animales, sobre todo gatos, y de la ingesta de frutas y verduras mal lavadas, por lo que hay que tomar ciertas precauciones, como desinfectar frutas y verduras, no comer carne cruda o poco hecha ni embutidos y mantenerse lejos de los gatos.

Si ya se ha tenido la enfermedad con anterioridad, el cuerpo desarrolla anticuerpos que la madre transmite al hijo, por lo que las precauciones no son necesarias.

Vacunaciones. Durante la gestación, están contraindicadas las vacunas parenterales de virus vivos atenuados (sarampión, rubéola, parotiditis, varicela) desde tres meses antes del embarazo hasta el fin del mismo. No obstante, algunas vacunas de virus atenuados, como la antipoliomielitítica, pueden prescribirse cuando la posibilidad de exposición materna es muy alta, puesto que el riesgo teórico de infección del feto es muy inferior al de la madre.

La vacuna antitetánica durante el embarazo es la mejor estudiada y su eficacia e inmunogenicidad son muy elevadas. Se recomienda a las mujeres no inmunizadas dos dosis de la vacuna para proteger del tétanos puerperal y neonatal; la primera, 60 días antes de dar a luz y la segunda, 20 días antes.